D. R. KINCHESCKI

A Reforma Protestante

e a Gênese do Estado Moderno

TENEO
Editora

Lisboa 2018

Copyright © 2018, Teneo Publishing House.
Título: A Reforma Protestante e a Gênese do Estado Moderno.
1ª edição 2018
ISBN 978-85-54860-08-0
Impresso no Brasil

Editor Executivo: José alencar Lopes Jr
Revisão: Sueli Lopes Oliveira
Diagramação: Messias Freire
Capa: King's Marketing
Impressão: Editora TENEO

www.editorateneo.com

K53a   Kinchescki, Daniel Rodrigues, 2018.
A Reforma Protestante e a Gênese do Estado Moderno. Daniel Rodrigues Kinchescki - Lisboa. Teneo Publishing House. 2018.

100 p. ; 21 x 14 cm.
ISBN **978 85 54860 08 0**
1. Historia 2. Teologia 3.Sociedade Moderna
I. Título

CDD 270.1
CDU 322

Ao Eterno, à Igreja amada, à família estimada e aos amigos preciosos.

Sumário

AGRADECIMENTOS

Há um bom tempo ouvi, pela primeira vez, uma frase que desde então carrego comigo todos os dias de minha vida, "gratidão é a memória do coração". E, creio eu, não há como começar esse livro sem antes tecer algumas palavras de agradecimento a todos aqueles que, de alguma forma, me ajudaram a chegar onde estou.

De início, estendo essa gratidão aos meus pais, Casemiro e Aurora, e ao meu padrasto Valério. Todo seu incentivo, educação, ânimo e investimento resultam, hoje, em alguém que conseguiu realizar um de seus sonhos.

Também, e me lembrando dos pequenos começos (Zc 4.10), agradeço ao Pb. Rodrigo Araujo, membro da Igreja Evangélica Assembleia de Deus de Florianópolis, bairro Coqueiros, que sempre me ensinou as bases da fé cristã, especialmente quando atravessei a adolescência, além do Rev. Marco Cicco e do irmão Saulo Brunello, que há aproximadamente três anos abriram as portas de seu site, à época chamado de "Pensamentos e Reflexões Cristãs", e investiram no pequeno escritor que viram em mim.

Meus agradecimentos também devem ser dirigidos àqueles que me ajudaram no trajeto percorrido quando realizava as pesquisas para que esse livro pudesse ser feito. Aos meus amigos, em especial os que conquistei e que me cativaram durante a graduação, e que me acompanharam bem de perto nos momentos de aflição. Além deles, ao pessoal que vive em meu coração desde o ensino médio, e aos jovens e demais irmãos da Igreja Presbiteriana de Florianópolis (que me acolheram como parte de sua família), notadamente na pessoa do Rev. Matheus Felipe Santiago.

Por fim, não posso deixar de, nominalmente, agradecer às pessoas que me estenderam as mãos no momento de arrecadar fundos para esse livro, tais como Everton Felipe Gonçalves da Costa, Jeter Ramiro Goulart, meu primo Roberto Kinchescki, tia "Lurdinha" Kinchescki, e meus tios Luiz Kinchescki, "Zezo" Kinchescki e Ricardo Crisafulli.

A todos, muito obrigado. Seu incentivo ajudou-me a realizar um sonho.

INTRODUÇÃO

Há marcos históricos que merecem e devem ser lembrados, principalmente pela sua importância político-jurídica para a sociedade. Um desses é a Reforma Protestante, que no dia 31 de outubro de 2017 completou 500 anos. Após meio milênio de existência desse movimento, o confronto entre nações e grupos étnicos tornou o valor religioso uma questão de geopolítica, sendo cada vez maior impacto desse fenômeno nesta primeira metade do século XXI. Fato notório observado nas inúmeras manchetes de jornais acerca de atos provocados por movimentos religiosos de cunho extremista.

A religião deixou de ser analisada e entendida como fonte do Direito, porém em grande parte dos países europeus o debate em torno da democracia, no passado, se deu dentro de contornos religiosos, deixando evidências da influência do pensamento religioso na constituição do Estado Moderno.

É sob esse pretexto que surgiu o interesse e desejo de pesquisar acerca do tema proposto, fazendo lembrar sempre que tal discussão é proveitosa para sociedade e meio acadêmico, principalmente tendo em mente os crescentes debates acerca da influência da religião no processo democrático político-jurídico nacional.

Dentro desse contexto, a questão proposta como objeto de estudo do presente livro é responder a seguinte pergunta: como o movimento de caráter religioso da Reforma Protestante, ocorrido no século XVI, teve influência na formação do Estado Democrático de Direito?

Você verá, caro leitor, que o primeiro capítulo concentra-se em um estudo da gênese do Estado e na sua evolução histórica até o período que antecedeu a Reforma Protestante. Assim, o capítulo tratará sobre a essência do modelo teocrático, perpassando pelas históricas *pólis* gregas e pela *civitas* romana, culminando na Era Medieval, quando (re)surge o debate acerca da separação entre Estado e Igreja.

O capítulo seguinte mostrará que a Reforma Protestante e o protagonismo dos reformadores, influenciou, de maneira direta, a separação entre a esfera política e a religiosa, não apenas representando a construção de uma consciência sobre a liberdade civil, mas fazendo parte de um plano doutrinal em favor da soberania nacional contra os ideais universalistas e absolutistas da igreja medieval, além de colocar em voga a questão da valorização do indivíduo como detentor de direitos.

No capítulo subsequente demonstra-se como os ideais da reforma religiosa são recuperados pela capacidade reflexiva que o liberalismo político promove, quando reconhece o direito natural de dispor da liberdade individual, pautado sobretudo na discussão acerca da tolerância religiosa.

1

A GÊNESE DO ESTADO

O sentido epistemológico da palavra "Estado" é motivo de debates e controvérsias ao longo da história. Seu conceito muda, igualmente, de acordo com o pensador que sobre ele escreve, ou em conjunto com o homem, a sociedade e a cultura (CUNHA, 2012, p. 45). Há, entre os estudiosos, o consenso que o termo surge do latim *status*, significando a condição de um indivíduo perante seus direitos civis e políticos. Por exemplo, Acquaviva (2010, p. 12) observa que as expressões *status civitatis* e *status familiae*, equivalem, nas ideias políticas da Grécia e Roma antigas, à "sociedade política".

Porém, pontua o mesmo autor que a palavra "Estado" passou a ter tal significado apenas no Renascimento, com Nicolau Maquiavel, autor de "O Príncipe", posto que para os gregos e romanos a "sociedade política" era denominada *pólis* e *res pública*, respectivamente. Ainda, em sua obra "Teoria Geral do Estado", o autor expõe que a palavra Estado também assumiu um status de supremacia política na medida em que seu reconhecimento vai garantir a soberania frente as formas de governo até então existentes:

> Todavia, a palavra Estado, com E maiúsculo, denomina, modernamente, a mais complexa e perfeita das sociedades civis, qual seja, a sociedade política, que poderia ser conceituada como a "sociedade civil politicamente soberana e internacionalmente reconhecida, tendo por objetivo o bem comum aos indivíduos e comunidades sob seu império" (ACQUAVIVA, 2010, p. 12-13).

Já Reinaldo Dias, ao afirmar que o "Estado" é resultado de um vasto processo, conceitua-o como:

> Uma sociedade politicamente organizada em lugar e tempo determinado, onde vigora determinada ordem de convivência, com um poder soberano, único e exclusivo. O Estado é um produto histórico, que evoluiu, no pensamento ocidental, até chegar a formar uma realidade político-jurídica (DIAS, 2013, p. 50).

Norberto Bobbio, nesse mesmo sentido, afirma que:

> [...] O termo "Estado" vai pouco a pouco substituindo, embora através de um longo percurso, os termos tradicionais com que fora designada até então a máxima organização de um grupo de indivíduos sobre um território em virtude de um poder de comando: *civitas*, que traduzia o grego *pólis*, e *res publica* com a qual os escritores romanos designavam o conjunto das instituições políticas de Roma, justamente da *civitas* (BOBBIO, 2004, p. 66).

Assim, Bobbio indica que o Estado tem na história um precedente que é substituído na medida em que as novas designações do poder de comando dependem de como os grupos humanos na história, vão atribuindo novos significados ao poder. Esses significados vão sendo reconhecidos e legitimados pelas forças da sociedade. É importante identificar como este processo de substituição ocorre ao longo da história.

1.1   O ESTADO PRÉ-HISTÓRICO

A literatura nomina de "Estado Antigo", "Teocrático" ou "Oriental" as formas de governo advindas de povos e civilizações mais antigas, oriundas do Oriente ou do Mediterrâneo. Segundo Gaetano Mosca e Gaston Bouthoul, "os grandes agregados humanos mais antigos foram os que se formaram na Baixa-Mesopotâmia irrigada pelo Tigre e pelo Eufrates, e no Egito irrigado pelo Nilo" (MOSCA; BOUTHOUL, 1987, p. 17).

A obra dos autores, um clássico da História e da Ciência Política, mostra que a origem do governo sempre se deu associada à religião. Para Alexandre Sanches Cunha, uma característica marcante desse período é o fato de que a forma mais elementar de organização da sociedade política é a íntima relação com a religião. O que esses estudos sugerem é que o poder de organização é, na sua origem, teocrático, o que justifica o uso do termo "Estado Teocrático" (CUNHA, 2012, p. 46).

Além disso, ainda que cada povo apresentasse características próprias, ligadas historicamente e culturalmente aos traços específicos de determinado "Império", pode-se afirmar que os atributos gerais de autoridade e poder combinavam várias funções, que sem o poder teocrático, investido na figura do governo, seria impossível contar com o trabalho de diversos funcionários, que dependiam da autoridade religiosa para se fazer respeitados na coleta de impostos e demais atividades que envolviam a irrigação, o plantio e fabricação dos produtos subordinados às funções do governo, entre esses as atividades militares, a aplicação da justiça e a preservação do território, impedindo rebeliões (MOSCA; BOUTHOUL, 1987, p. 19-22).

Mosca e Bouthoul, exemplificando o que exposto, citam que:

> A divisão das funções do governo se achava antes fundada sobre o território em que eram exercidas do que sobre a natureza de suas funções, isto é, que o funcionário que administrava cada localidade era, ao mesmo tempo, chefe militar, juiz supremo e coletor de impostos (MOSCA; BOUTHOUL, 1987, p. 19).

Como observam os estudiosos do Estado, nas Teocracias a religião é o núcleo da organização social, e portanto todas as demais instituições unem-se em torno de uma única fonte de poder. Este poder articula-se em torno da família, do sistema econômico, político e social do

Estado. Onde tais instituições confundem-se, então, consequentemente o pensamento religioso uni-se ao político, ao mesmo tempo em que entrelaça seus ideais à moral e filosofia (STRECK; MORAIS, 2008, p. 23).

Há de se comentar que desde as primeira formas de governo a autoridade é quem define a posição do governante em relação aos membros da sociedade. Daí entender-se que no Estado Teocrático a fonte do Direito é divina, na medida em que não havia direito a ser reconhecido anteriormente ao Estado. É nesse sentido que Acquaviva expõe a "Doutrina Teocrática", pensamento esse que defende o "direito divino dos reis", legitimando a autoridade desses sob o argumento de que Deus, ao eleger essa ou aquela forma de governo, aponta para todos os seres humanos qual é a sua vontade (ACQUAVIVA, 2010, p. 14).

Streck e Morais comentam que existem características fundamentais em um Estado Teocrático, a saber: "a natureza unitária, inexistindo qualquer divisão interior, nem territorial, nem de funções" e "a religiosidade, onde a autoridade do governante e as normas de comportamento eram tidas como expressão de um poder divino, demonstrando a estreita relação Estado/divindade" (STRECK; MORAIS, 2008, p. 23).

No mesmo sentido, Dalmo de Abreu Dallari, ao tecer seus comentários acerca do Estado Teocrático, em "Elementos de Teoria Geral do Estado", afirma que:

> Essa teocracia significa, de maneira geral, que há uma estreita relação entre o Estado e a divindade, podendo-se, entretanto, apontar a existência de duas formas diferentes, conforme a distinção muito bem lembrada por Jellinek: a) em certos casos, o governo é unipessoal e o governante é considerado um representante do poder divino, confundindo-se, às vezes, com a própria divindade. A vontade do governante é sempre semelhante à da divindade, dando-se ao Estado um caráter de objeto, submetido a um poder estranho superior a ele; b) em outros casos, o poder do governante é limitado pela vontade

da divindade, cujo veículo, porém, é um órgão especial: a classe sacerdotal. Há uma convivência entre os dois poderes, um humano e um divino variando a influência deste, segundo circunstâncias de tempo e lugar (DALLARI, 2005, p. 62-63).

John Pocock, em sua obra "Linguagens do ideário político", observa que a lei como mecanismo de mediação entre governo e seu povo não é uma condição exclusiva da modernidade. Sua interpretação da importância da lei como meio de organização social é muito mais antiga do que se pensa, e cita as doze tribos de Israel. Aduz o autor que:

> Em Israel, um deus, governante do mundo todo e não reconhecendo nenhum outro, havia se comunicado a um povo específico na Lei por meio da qual ele o organizava e governava. Governava diretamente por meio da Lei, indiretamente por meio de sacerdotes e reis e, após o misterioso colapso de seu reino, profeticamente por meio de mensageiros que pronunciavam sua palavra (POCOCK, 2003, p. 402).

No tocante aos israelitas e seu modelo de Estado, Gardner enfatiza que a crença monoteísta em Deus é que fez com que se buscasse, em certa medida, justiça social e retidão por parte dos homens, tendo em vista que "nas atividades econômicas, no exercício da autoridade do rei, na distribuição da justiça nos tribunais e nas relações das nações umas com as outras", essas eram as exigências do Senhor (GARDNER, 1965, p. 364).

Os "Dez Mandamentos", conhecidos também como "Decálogo", exprimem com extrema exatidão do que acima exposto. Hans Ulrich Reifler observa que tal ordenamento jurídico pode ser dividido em partes, onde, conforme aponta o livro bíblico de Êxodo, capítulo 20 e versículos 2 à 7, vê-se a correta relação do povo para com seu Deus, em momentos de culto e quanto à moral religiosa; dos versículos 8 à 14, apresentam a moral individual e a correta relação com o trabalho; e por fim, dos versículos 15 à 17, onde são apresentados os princípios básicos para convivência em sociedade (REIFLER, 1992, p. 50).

Ainda que a literatura hebraica não tenha deixado materiais que abordem doutrina política de maneira apropriada, pode-se afirmar que existem nela diversas amostras que interpretam o pensamento desse povo. Mosca e Bouthoul (1987, p. 26) expõe um exemplo retirado do livro de Juízes, quando a Tribo de Benjamim foi quase que completamente destruída pelas demais tribos, por conta do estupro e assassinato cometidos contra uma mulher da Tribo de Levi, em uma cidade habitada por descendentes de Benjamim. Esses mesmos autores enfatizam um trecho específico do livro de Juízes, onde seu narrador enfaticamente afirma que não havia uma liderança firme ou sólida em Israel, e que cada um da população fazia conforme desejado (MOSCA; BOUTHOUL, 1987, p. 26).

Ainda sobre o povo israelita faz-se necessário comentar acerca de uma característica particular, o "profetismo". Mosca e Bouthoul, quanto ao assunto, enfatizam o poder que a figura do profeta tinha sobre a vida política de Israel, *in verbis*:

> Uma instituição peculiar ao povo israelita foi o profetismo. Os profetas eram homens que se acreditavam inspirados por Deus e cuja palavra tinha grande influência sobre o povo, de tal modo que os próprios reis deviam acatá-la. Eles reprovavam aos reis e aos grandes e, algumas vezes, a todo o povo seus pecados, sua vida de luxo, o culto prestado a deuses distintos do Deus de Israel que, em grande parte graças aos profetas, tomou, pouco a pouco, o caráter de Deus universal. Os profetas censuravam severamente as injustiças dos poderosos, os julgamentos iníquos e, enfim, pretendiam algumas vezes dirigir o que chamamos hoje de política externa (MOSCA; BOUTHOUL, 1987, p. 27).

Pelo que exposto, é certo afirmar que os Impérios orientais, também chamados por Antigos ou Teocráticos, contribuíram de forma significativa para o desenvolvimento moral e jurídico da sociedade. Neste sentido também é valido citar o Código de Hamurabi, detentor de regras numeradas e sancionadas, que tratava de atitudes indispensáveis para sobrevivência em sociedade. Outro exemplo é o Livro dos Mortos, pertencente aos antigos egípcios, que prescrevia uma sequência de "boas atitudes" necessárias à manutenção da sociedade, tais como "dar de comer e beber aos necessitados", "não mentir" e "não deixar de pagar o salário ao trabalhador" (MOSCA; BOUTHOUL, 1987, p. 30).

1.2   O ESTADO NA ANTIGUIDADE CLÁSSICA

A "Antiguidade Clássica" foi o período marcado principalmente pela existência e desenvolvimento da *pólis* grega e da *civitas* romana, conforme aponta José Geraldo Brito Filomeno (2001, p. 9).

1.2.1   A PÓLIS GREGA

Para alguns analistas, o ápice da civilização grega foi o período compreendido entre os séculos VI e IV antes de Cristo, conhecido pela nomenclatura de "Século de Péricles" (MALUF, 2017, p. 127). Mosca e Bouthoul (1987, p. 32) afirmam que foi nesse "lapso de tempo que se deu, de improviso, a revelação do Gênio Grego. Vários pensadores modernos falaram do milagre grego constatando a maturidade aparentemente repentina da cultura helênica [...]".

Entretanto, é na mitologia grega que a religião se manifesta como arquétipo do pensamento político helênico. Afirma o cientista político inglês John Morrall que:

A politização do conceito do divino pela imaginação grega arcaica encontra paralelo na tendência crescente a interpretar a política humana como estando primordialmente condicionada pela interação de objetivos e ações individuais pessoais em jogo, mais do que pela obediência a um padrão cósmico de rígido funcionamento, como se acreditava nas mais importantes civilizações asiáticas (e as culturas mais distantes da Índia e da China estavam tão sujeitas a essa tendência quanto os centros civilizados do Oriente Próximo) (MORRALL, 2000, p. 6).

É na Grécia que pode ser observado o embrião do que hoje entende-se por "Democracia", bem como uma preocupação autêntica com o "Estado" - desde seu conceito à sua forma. Não é possível, nas palavras de Dallari (2005, p. 63), afirmar a existência de um "Estado Grego", unificado, tendo em vistas as fortes diferenças geográficas presentes em suas "cidades-Estado". Entretanto, o mesmo autor deixa claro que "pode-se falar genericamente no Estado Grego pela verificação de certas características fundamentais, comuns a todos os Estados que floresceram entre os povos helênicos", como, por exemplo, a sua concepção do que viria a ser a "sociedade política" (DALLARI, 2005, p. 63).

A primeira característica fundamental dos povos helênicos é justamente sua fundação em "cidades-Estado", a *pólis*, organizada de modo a buscar a auto-suficiência, de maneira a contar com a participação mais expressiva da população. Cunha enfatiza que:

> A tradição histórica aponta como traços marcantes da antiga polis: o fato de que os cidadãos tinham participação ativa (sem a participação dos estrangeiros ou escravos) na condução da coisa pública; a pouca preocupação com o fator territorial (tendo em vista que as Cidades-estado eram muito pequenas); a liberdade garantida aos cidadãos no seio do Estado e diante deste, e a diversidade das formas de governo (CUNHA, 2012, p. 46)

Na interpretação de Eduardo C. B. Bittar, a "*pólis* é uma espécie de comunidade (*koinonía*)", sendo exemplo de "comunidade cívica mais perfeita para a coexistência humana, lugar necessário do ser racional", e o faz sob a premissa de que esse tal definição é pautada no pensamento aristotélico (BITTAR, 2002, p. 68).

O mesmo autor ainda afirma que:

> Da família surgiu a *pólis*, tendo como objetivo primacial a subsistência, ou seja, proverem os homens reciprocamente de suas necessidades, persistindo, com o tempo, não em função unicamente da subsistência, mas para o bem viver. A comunidade que é capaz de prover o homem do necessário, e ainda facultar-lhe algo mais que necessário, é mais que uma aldeia: é uma comunidade de aldeias, a *pólis*, caracterizada pela auto-suficiência (*autarkeía*). Na ideia evolucionista que move Aristóteles na prospecção do princípio das coisas, a cidade-estado (*pólis*) é mesmo o fim das comunidades primeiras, e isso porque é auto-sufciente, e essa característica é o fim e o melhor (BITTAR, 2002, p.69-70).

É importante ressaltar que na interpretação do cientista político John Morrall, esta *koinonia* é uma atividade que faz da mitologia o elemento de pressão no sentido de manter unido o povo, conforme expõe:

> Na Oréstia, a única trilogia que sobrevive integralmente, é nos fornecida uma visão mais ampla. Por detrás da terrível tragédia familiar na casa real de Agamenon vemos um conflito cósmico entre divindades novas e antigas. Agamenon, na peça homônima, regressa de Tróia, e é assassinado por sua mulher, Clitemenestra, e seu amante Egisto. Agamenon é vingado por seu filho Orestes, que volta do exílio e assassina não apenas Egisto mas também sua própria mãe. [...] A peça final , As Eumênides, trata do angustioso problema da separação entre justiça divina e justiça humana (MORRALL, 2000, p. 12).

Portanto, não é de todo refutável que a origem divina teve um papel importante no maior legado grego em traduzir para a política a ética e a justiça. Aristóteles afirmou que a família é a célula mater da sociedade e o homem um *zoon politikon*. Pode-se deduzir que a filosofia política grega rompe com a tradição mitológica, mas edifica todos os valores ancestrais sobre um código moral que faz com que o conhecimento seja útil à condição humana, e esta condição somente é possível na *pólis* (MORRALL, 2000, p. 12).

Entretanto, longo percurso foi necessário para que houvesse tal forma política e de governo. Segundo Mosca e Bouthoul, as instituições políticas da Grécia, por volta do século IX, época em que viveu Homero, não apresentavam sua originalidade marcante de independência e autonomia. Os autores afirmam que:

> Elas [as instituições políticas na Grécia] apresentam o aspecto de uma monarquia patriarcal. Cada cidade tem seu rei, seu Conselho de Anciãos; nos casos graves, convoca-se a assembleia de todos os cidadãos. Além disto, existe uma classe de homens livres que são considerados como hóspedes da Cidade, e que não participam dos direitos políticos; enfim, há os escravos. O rei comanda o exército em tempo de guerra, distribui a justiça em tempo de paz, assistido pelos Anciãos e oferece sacrifícios aos deuses em nome da Cidade (MOSCA; BOUTHOUL, 1987, p. 33).

Neste mesmo sentido, Maluf, em "Teoria Geral do Estado", afirma que:

> Primeiramente, a partir do século IX a.C., o Estado grego era monárquico e tipicamente patriarcal. Cada Cidade tinha o seu Rei e o seu Conselho de Anciãos. Só em casos de maior importância se convocavam as Assembleias Gerais dos Cidadãos. Os dirigentes daqueles pequenos Estados monarquicos apoiavam-se na classe aristocrática, a qual, na realidade, tanto na monarquia

quanto na república, se manteve como classe dominante (MALUF, 2017, p. 127).

Essa forma monárquica de organização política, porém, não encontrou futuro em meio ao povo helênico, como vê-se nos impérios orientais. Dada a topografia da Grécia, em nenhum momento as Cidades tornam-se em Império, tendo em vista que a unificação era impedida por conta das montanhas que as separavam. Ainda, em dado momento do século VII, as famílias aristocráticas, aquelas que compunham o Conselho dos Anciãos, deixaram de reconhecer a legitimidade e supremacia da realeza, mesmo que essa não tenha dominado de maneira tirana, o que forçou a abolição da monarquia, ou sua manutenção apenas para o cuidado dos atos religiosos (MOSCA; BOUTHOUL, 1987, p. 34).

Assim, a transição da monarquia patriarcal para república democrática direta ocorreu com relativa tranquilidade, sendo a *pólis* então consolidada não apenas como centro de organização política, mas também uma comunidade religiosa sem, porém, haver a substituição de uma pela outra (MALUF, 2017, p.128).

Com essa transição, então, o Conselho de Anciãos deixa de ser o principal órgão estatal e passa a ser, além de eletivo, subordinado à Assembleia dos Cidadãos - responsável por aprovar leis, nomear, em linhas gerais, os cidadãos para funções públicas, declarar guerra ou ratificar acordos e tratados celebrados com outras cidades, helênicas ou de bárbaros (MOSCA; BOUTHOUL, 1987, p. 35).

O poder e o ato de julgar as causas menos complexas já não se concentra nas mãos de um monarca, mas sim nas magistraturas temporárias, onde os cidadãos eram escolhidos e nomeados pela Assembleia Geral para ocupar tais cargos pelo período de um ano, normalmente. Aqui vê-se também um princípio do que vem a ser a necessidade de transparência por parte daquele que governa, tendo em vistas que o cidadão investido em função pública precisava prestar contas de maneira periódica (MALUF, 2017, p. 128).

Sahid Maluf afirma então que "a *Pólis* era de certo modo onipotente, e seu poder só encontrava limites na intervenção do povo — *demos* — nos negócios estatais e na distribuição da justiça" (2017, p. 128).

Para alguns intérpretes, o modelo de organização social e política não privilegiou, em sua concepção de "cidades-Estado", a burocracia e a presença de um exército permanente. Quanto ao primeiro, e como já comentado anteriormente, os cargos públicos eram exercidos pelos cidadãos, porém por meio de rodízios, e normalmente conferidos sob sorteio. Assim, esse sistema, aliado ao fato de que os cidadãos eram constantemente convocados às Assembleias, gerava uma insegurança política e jurídica que, por natureza, culminava na dependência do segundo ponto levantado (MOSCA; BOUTHOUL, 1987, p. 37).

No tocante à defesa da nação, seja de invasões dos povos vizinhos ou de quaisquer ameaças internas, e da garantia efetiva da aplicação da lei, a *pólis* ficava submetida à mercê dos cidadãos, posto que apenas esses tinham o direito de possuir e portar armas. Essa forma de governo, conforme complementam Mosca e Bouthoul, "exigia que os indivíduos possuíssem um senso elevado da legalidade e um profundo apego ao bem público" (1987, p. 37).

Assim, apesar dos percalços apresentados pela história, convém salientar que a *pólis* helênica foi de suma importância para o que hoje é conhecido como "Estado Moderno", tendo em vista a preocupação com a vida política da sociedade, além de ser, conforme leciona Filomeno (2001, p. 10) contemporânea de Roma e uma de suas influências culturais.

1.2.2   A *CIVITAS* ROMANA

Tal qual no caso dos povos helênicos, soa forçoso falar de um "Estado Romano", único e uniforme, tendo em vista as diversas faces que esse apresentou. Dallari afirma que ele teve:

Início em um pequeno agrupamento humano, experimentou várias formas de governo, expandiu seu domínio por uma grande extensão do mundo, atingindo povos de costumes e organizações absolutamente díspares, chegando à aspiração de construir um império mundial (DALLARI, 2005, p.64).

Com isso em mente, vê-se necessário, tal qual faz Maluf (2006, p. 101), focalizar o entendimento de "Estado", para os romanos, como sendo a *civitas*, o "Estado-cidade", a comunidade dos cidadãos. Existe uma semelhança estrutural e semântica com a *pólis* grega, e isso se dá justamente por conta do parentesco étnico entre os dois povos. Maluf afirma, nestas mesmas linhas, que "na formação da *Civitas* exerceram preponderante influência as colônias helênicas estabelecidas ao longo da Itália meridional".

O mesmo autor ainda comenta que:

> O Estado romano, muito semelhante ao Estado grego, tinha suas características peculiares: distinguia o direito da moral, limitando-se à segurança da ordem pública; a propriedade privada era um direito *quiritário* que o Estado tinha empenho em garantir; o homem gozava de relativa liberdade em face do poder estatal, não sendo obrigado, praticamente, a fazer ou deixar de fazer alguma coisa senão em virtude de lei; o Estado era havido como *nação organizada*; a vontade nacional era fonte legítima do Direito (MALUF, 2006, p.103).

O berço da civilização romana tem sua origem demonstrada em um curioso mito. Segundo a lenda, e conforme leciona Rodrigo Arnoni Scalquette:

> [...] Roma foi fundada numa zona pantanosa das sete colinas, em 754 antes do nascimento de Cristo, após o encontro de dois irmãos gêmeos, *Rômulo* e *Remo*, por

uma loba que os salvou de morrerem afogados no Rio Tibre, amamentando-s posteriormente. Os dois irmãos seriam os iniciadores do Império Romano. Pouco depois desse fato, Rômulo comete fratricídio ao matar Remo, e se torna o primeiro rei de Roma (SCALQUETTE, 2013, p.26).

Há, em Roma, o ideal de que a unidade familiar é o firme fundamento da sociedade civilizada e politicamente organizada. Tendo como líder, juiz, senhor, aquele que domina sobre a vida e a morte de todos seus membros, poder nominado inicialmente por *manus* e, após, *majestas*, o *pater familia*, a família era constituída também pelos parentes desse, além dos *servus* (escravos) e daqueles estranhos ao laço sanguíneo que, de alguma forma, se associavam ao grupo, conhecidos como *fumulus* (MALUF, 2006, p. 101).

Após a fundação de Roma, as famílias reuniram-se às margens do Tibre e no planalto do Palatino, formando assim, sob o pretexto de culto ao mesmo deus protetor, a *cúria* romana. Tal comportamento demonstra que a gênese do "Estado Romano" se dá com a ampliação da família, essa pautada na crença em deuses em comum (SCALQUETTE, 2013, p. 26).

Fustel de Coulanges, quanto ao surgimento das *cúrias* e sobre a unidade do Estado sob o pretexto religioso, afirma:

> Certo número de famílias formou um grupo, ao qual a língua grega deu o nome de *fratria* e a latina o de *cúria*. Existira entre essas famílias de um mesmo grupo algum vínculo de nascimento? Não podemos afirmá-lo. O certo é que esta nova associação não se realizou sem haver um alargamento da ideia religiosa. Ao mesmo tempo em que essas famílias se uniram, logo conceberam uma divindade superior a dos seus deuses domésticos que, por ser comum a todos, velava por todo o grupo. Erigiram-lhe um altar, acenderam o fogo sagrado e instruíram-lhe o culto (COULANGES, 2005, p.88-89).

A família, então, com o passar do tempo acaba sendo dividida na unidade familiar propriamente dita, ainda sob mando do *pater*, e em *gen* (gentes), que foi núcleo do Estado e estava sob o jugo do poder público. Maluf afirma que foi daí que vieram as duas classes nas quais se dividiu a população romana inicialmente: os patrícios, que eram os "*paters* e seus descendentes, formando a nobreza dotada de privilégios e amplas liberdades", e a classe dos *clientes*, servos das famílias e que detinham tão somente poderes de uso e posse das terras as quais pertenciam, mas não sua propriedade de maneira efetiva, sendo que essa era separada para o *patrono*. Sob a classe dos *clientes*, ainda, existiam os plebeus, que "viviam à margem de vida social, sem lei e sem Deus. Eram os párias" (MALUF, 2006, p. 101-102). Esse modelo de divisão da sociedade era pautado "na riqueza, na cidadania e na liberdade", conforme muito bem expõe Scalquette (2013, p. 27).

Novamente, Fustel de Coulanges é criterioso ao constatar que:

> Uma frase caracteriza estes plebeus: "Não têm culto"; pelo menos os patrícios censuram-nos por não o terem. "Não têm antepassados", o que, no pensar dos seus adversários, significa não terem antepassados reconhecidos e legalmente admitidos. "Não têm pais", o que quer dizer que em vã subiriam na série dos seus ascendentes, pois jamais se poderia encontrar a um chefe de família religiosa, a um *pater* entre estes. "Não têm família, *gen tem non habent!*", isto é, só têm a família natural, porque, quanto àquela que forma e constitui a religião, a verdadeira *gens*, essa não a têm. [...]
>
> Para os plebeus não existem direitos políticos (COULANGES, 2005, p.178-179).

A *civitas*, então, era um aglomerado de *gens*, "baseado no consentimento da lei e na utilidade comum" (DIAS, 2013, p. 57). Ainda, é certo afirmar, nas letras de Maluf, que "as gentes reunidas formavam a

Curia; várias *Curias* formavam a *Tribu*; e diversas *Tribus* constituíam a *Civitas*", possuidora de um Senado, cuja membresia era formada pelos *pater familias* (MALUF, 2006, p. 102).

Esse estágio do Estado romano ficou conhecido como "Período Régio", perdurando por um espaço de tempo compreendido entre os anos de 754 a.C. a 510 a.C., aproximadamente, e além do que exposto foi marcado pela existência de três elementos essenciais ao poder público, a saber: o Rei (*Rex*), chefe de Estado que detinha as funções de sacerdote e magistrado único, detentor do *imperium*, poder absoluto que abrangia, por exemplo, o de polícia e os administrativos; o Senado (*Senatus*), o corpo de conselheiros do Rei, formado por um colegiado composto de 100 a 300 patrícios, detentor da *auctorias* (autoridade) e responsável por ratificar as leis que, através da iniciativa do Rei, foram votadas pelo povo; e o povo (*populus romanus*) que inicialmente era integrado apenas pelos patrícios que, através das assembleias (*comícios curiatos*), votavam a favor ou contra as leis de iniciativa do monarca. Apenas no reinado de Sérvio Túlio é que a plebe foi introduzida ao *status* de *populus romanus*, recebendo a oportunidade de participar das centúrias, as assembleias de votação das leis (SCALQUETTE, 2013, p. 31-32).

Maluf afirma que com a reforma político-social efetuada por Sérvio Túlio, somada ao fato de que os plebeus estavam se tornando cada vez mais numerosos, e com isso exercendo ainda mais influência no contexto político de Roma, sobreveio então a "queda da realeza primitiva", com o consequente desmembramento das *gens* e a libertação dos *clientes*, dando-se início então ao Período da República (MALUF, 2006, p. 102).

É na forma de República (junção de "*res*" e "*publicae*", que forma "coisa do povo") que o Estado romano abre seus portões de forma mais clara para a participação política do *populus romanus*, sendo resguardado à figura do monarca a "realeza religiosa". O *imperium*, poder supremo, que outrora era concentrado nas mãos do rei, agora encontra-se em poder dos cônsules (SCALQUETTE, 2013, p. 33).

Quanto ao período da República, Fustel de Coulanges afirma que a tradição e a religião deixaram de ser guia tanto para o império quanto para o homem, e que a única coisa capaz de sujeitar os desejos e vontades individuais era o interesse público, chamado de *to koinon* pelos gregos, e *res publica* pelos romanos. Nas decisões e votações públicas já não se perguntava mais quais medidas deveriam ser tomadas de acordo com o pensamento religioso, mas sim sob prisma do que conviesse ao interesse geral (COULANGES, 2005, p. 241-242).

Após o período da República, que sucumbiu ante a *diarquia* (governo de dois) de Otávio César Augusto, que arrogou para si o título de divino *(Augusto)*, além do *imperium*, surge então o "Período do Principado", conhecido também por "período do Alto Império", que perdurou por aproximadamente 300 anos, e foi marcado principalmente pelo domínio do *Princeps*, primeiro magistrado, e do Senado (SCALQUETTE, 2013, p. 37).

É justamente no próximo período do Estado romano que há a união expressa do Estado com a religião, não apenas através de seus representantes, mas sim de um édito real. É no "Baixo Império", conhecido também como "Período da Monarquia absoluta", que Constantino elabora o "Édito de Tolerância Religiosa de Milão", em 313 d.C., e reconhece o Cristianismo como religião, e não seita, para, 81 anos depois, o imperador Teodósio I oficializar a Religião Cristã como oficial do Estado Romano, abolindo os deuses pagãos e suas estátuas (SCALQUETTE, 2013, p. 41). Coulanges (2005, p. 293) ainda afirma que "a vitória do cristianismo assinala o fim da sociedade antiga. Com a nova religião se corrobora a transformação social que vimos começar seis ou sete séculos antes do seu advento".

Por fim, é também neste período em que ocorre a queda do Império Romano, com o consequente fim da Idade Antiga e início da Era Medieval (SCALQUETTE, 2013, p. 43).

1.3   O ESTADO NA ERA MEDIEVAL

A Era Medieval compreende um período de tempo entre os anos 476 d.C., quando ocorreu a queda do Império Romano, e 1453 d.C, quando os turcos otomanos tomaram a cidade de Constantinopla. É precisamente nesse cenário de reviravoltas políticas que surge o que pode ser chamado de "Estado Medieval" (SCALQUETTE, 2013, p. 43).

Dallari (2005, p. 66), ao introduzir o tema em seu livro "Elementos de teoria geral do Estado", afirma sem rodeios que esse período foi, por muitos, considerado como uma "noite negra" na história, tendo em vista os constantes conflitos e a cada vez maior e mais frequente instabilidade política. Entretanto, o mesmo autor não mede palavras ao comentar que foi um tremendo período de criação teórica e literária, ainda que em berço eclesiástico, levando a humanidade a uma melhor compreensão do termo "universal".

Os padrões rígidos e rigorosos que caracterizavam o Estado romano já não são encontrados agora, no período da Idade Média, causa impeditiva para que se consiga estabelecer uma junção de fatores que permitam entender as principais características do Estado medieval. Existem, porém, algumas peculiaridades que auxiliam no entendimento dos conflitos pertinentes à época medieval, a saber o crescimento do cristianismo, as constantes invasões dos povos bárbaros e o feudalismo (DALLARI, 2005, p. 66). Sahid vai mais além e ousa afirmar que "toda a história política da Idade Média gira em torno das relações entre o Estado e a Igreja Romana" (SAHID, 2006, p. 111).

Neste sentido há de se comentar que, após tornar-se a religião oficial do Império, o cristianismo não tardou em modelar a forma de governo e cultura da sociedade. Pautado no ideal de que os homens são iguais, independentemente de suas origens ou posses, a nova religião prega agora o ideal de universalidade - o mundo deve tornar-se repleto de cristãos, e esses devem estar sob um Estado uno (DALLARI, 2005, p. 66).

Scalquette afirma que:

> Realmente, "a partir do século V a Igreja Católica começa um longo e colossal trabalho para unificar na fé cristã todos os recantos da Europa, grandemente dominada pelos povos do oriente". Havia, na época, além de grandes missionários que construíram uma aura de respeito e admiração interna na Igreja - como, por exemplo, Santo Antônio -, mosteiros considerados braços avançados da propagação da fé e de controle econômico-social, mosteiros estes, espalhados por todo lado, servindo como centro de educação e evangelização; portanto o Cristianismo foi a pedra de toque do período da Idade Média [...](SCALQUETTE, 2013, p.44).

Entretanto, ouve um obstáculo que de maneira constante impediu a realização desse ideal de unificação: a disputa quanto ao poder sobre o sagrado e secular. Segundo Sahid (2006, p. 111) os cristãos, no início de sua estrada da fé, não tinham interesse sobre o poder temporal, e desde os primórdios do Império Romano os imperadores eram os detentores dos dois poderes, o temporal e o espiritual, tendo domínio sobre a vida civil e religiosa da sociedade.

Essa dicotomia entre "temporal" e "espiritual" se dá, de acordo com Coulanges (2005, p. 296), segundo os ensinamentos de Cristo, quando o Mestre afirma a seus discípulos que seu reino não é deste mundo. Nas palavras do autor, Cristo:

> Separa a religião do governo. A religião, já não sendo mais terrena, deixa de infiltrar-se nas coisas da terra a não ser o mínimo possível. Jesus Cristo acrescenta: "Dai a César o que é de César, e a Deus o que é de Deus". Foi a primeira vez que tão nitidamente se distinguiu Deus do Estado. Porque César, nesta época, era ainda o sumo pontífice, o chefe e o principal órgão da religião romana, o guarda e o intérprete das crenças, quem reunia em

suas mãos o culto e o dogma. [...] Mas sucede que Jesus Cristo quebra essa aliança que o paganismo e o império procuravam reatar, e proclama que a religião já não é o Estado, e obedecer a César já não é o mesmo que obedecer a Deus (COULANGES, 2005, p. 296-297)

Assim, a teoria da coexistência e separação desses dois poderes foi sustentada e defendida ampla e inicialmente pelo Papa São Gelásio I, ao final do século V. Segundo Mosca e Bouthoul (1987, p. 77), o pontífice escreveu afirmando que Deus quis tal separação, tendo em vista que a corrupção humana, somada à concentração desses dois poderes, poderia levar o homem a cometer absurdos e deploráveis abusos em nome de sua vontade. Quanto à divisão, Sahid enfatiza o entendimento de que "no domínio eclesiástico, o Bispo é superior ao Imperador e, no domínio das coisas laicas, o Imperador é superior ao Bispo" (2006, p. 111).

Há, entretanto, a partir do século VII o crescimento do ideal de que o poder espiritual é superior ao temporal, tendo em vista que trata das almas, que ao contrário do corpo (área de governo do poder temporal), não podem cair em pecado. Tal pensamento é claro, por exemplo, quando no período do reinado de Carlos Magno, onde há o renascimento e desenvolvimento dos estudos e da cultura, porém praticamente monopolizados pelo clero. Não apenas nisso, mas também é evidente em uma carta escrita pelo Papa Nicolau, onde o pontífice convidava o clero a rebelar-se contra os maus príncipes, por ele chamados de tiranos (MOSCA; BOUTHOUL, 1987, p. 78-79).

É neste acirrado debate e clima de guerra entre sagrado e secular que surge um dos maiores pensadores políticos da Idade Média, Santo Tomás de Aquino. Em sua principal obra, a *Summa Theologica*, o autor afirma que a cada um dos poderes cabem funções diferenciadas - à Igreja, direção das almas, e ao Estado, dos corpos. Afirma ainda que tais instituições são autônomas em seus respectivos domínios, não devendo invadir a área da outra, com a ressalva de que em caso de atrito, deveria prevalecer o poder pontífice, tendo em vista que é originário e superior (SAHID, 2006, p. 113).

Em sentido oposto aparece, por volta do ano de 1308 d.C., Dante Alighieri, com sua obra *De Monarchia*. Nela o poeta defende que, para que a humanidade alcance seus desejados e elevados patamares intelectuais e de progresso, havendo paz na terra, deveria ser guiada por um único governante, o Imperador romano, a quem todos teriam o dever de obedecer. Afirma que essa é a vontade divina, e fundamenta tal argumentação no fato de que Cristo teria nascido nos primórdios da fundação do Império (MOSCA; BOUHTHOUL, 1987, p. 91).

É em meio a este caos político, sob uma intensa necessidade de ordem, que ocorrem as mencionadas invasões bárbaras, culminando então com a queda de Constantinopla e o domínio do islamismo sobre o oriente. Com "a reforma religiosa e a influência das doutrinas anticlericais, as monarquias se desvencilharam do domínio papal, caminhando para a forma absolutista que assinala o período de transição para os tempos modernos" (SAHID, 2006, p. 114).

2

A REFORMA RELIGIOSA E O FUNDAMENTO DO ESTADO MODERNO

Neste capítulo demonstra-se como o discurso religioso da Reforma Protestante ganha proporções e espaço nos debates político, no final da Idade Média, quando os reformadores, utilizando do recurso da denúncia de faccionismo entre monarquia e príncipes eleitores, pretendem substituir a *lex divina* pelo *jus positivum*.

Nesse contexto, aponta-se como a Reforma e o Protestantismo vão influenciar na construção da consciência individual, bem como na emergência de uma nova concepção de liberdade e igualdade, típicas de uma concepção liberalista que conecta o indivíduo ao governo constituído (MAGALHÃES FILHO, 2014, p.114).

2.1 O CONTEXTO HISTÓRICO DA REFORMA PROTESTANTE

O Protestantismo surgiu em uma época onde a autoridade secular confundia-se constantemente com a eclesiástica. O catolicismo romano preocupava-se principalmente com o "poder temporal", voltando a atenção para a economia e política de maneira quase que exclusiva, principalmente tendo em vista a ascensão da classe dos burgueses, esquecendo-se do "poder espiritual", conforme aponta Renato Vargens (2013, p. 20). Davi Pereira do Lago, no mesmo sentido, afirma que:

> A teologia dos reformadores colocou em xeque a relação entre o poder espiritual, exercido pelos sacerdotes

e, no grau mais alto, pelo Papa, e o poder temporal, cujos detentores eram os príncipes e os reis. Com seu arcabouço teológico e filosófico, [...] os reformadores agradaram aos príncipes descontes com a submissão à Igreja Católica (LAGO, 2013, p. 22).

Glauco Barreira Magalhães Filho cita Walter Altmann quando esse afirma que:

> Num contexto social de cristandade, qualquer reforma da sociedade teria que passar necessariamente pela reforma da igreja, e desta haveria de receber vigoroso impulso. Lutero viria acertar em cheio quando em 1520, em seu escrito 'À nobreza cristã da nação alemã', fez suas profundas propostas de reformas econômico-sociais após propor incisivamente a reforma radical do sistema político-religioso (ALTMANN, 1994, apud MAGALHÃES FILHO, 2014, p. 79)

Pode-se concluir que apenas questões políticas não foram suficientes para a ampla repercussão do movimento provocado pelos reformadores. Ao final da Idade Média, as questões religiosas davam espaço ao discurso cívico humanista, a Igreja Romana detinha uma imagem moralmente reprovável, adquirida principalmente pela evidente contradição de seus costumes com os dogmas por ela pregados: uma vida pomposa e luxuosa aos seus sacerdotes, em contraste com a pobreza do povo (VARGENS, 2013, p. 20).

Além disso, o período pré-reforma religiosa foi fortemente marcado por movimentos advindos da Renascença, período em que nas áreas da música, arquitetura, escultura e pintura buscou-se uma valorização dos ideais da Antiguidade Clássica. É sob esse espírito de "volta às fontes" (*ad fontes*) que a Reforma Protestante tem seu início, conforme explica Franklin Ferreira (2013).

Augustus Nicodemus Lopes afirma que "a Reforma Protestante foi, em muitos sentidos, um movimento hermenêutico", posto que objetivou fazer com que a regra de fé e conduta voltasse a ser a palavra de Deus, e não a crença no absolutismo e na infalibilidade papal ou de concílios (LOPES, 2013, p. 159).

A Reforma luterana foi mais bem sucedida que as anteriores, conforme demonstra Magalhães Filho, precisamente por conta do espírito crítico trazido pelo humanismo, e "a insatisfação dos príncipes com as constantes ingerências do papa na política nacional e a rápida difusão de novas ideias pela invenção da imprensa" (MAGALHÃES FILHO, 2014, p. 59)

Ainda que idealizada e tentada por pensadores anteriores ao século XVI, tais como John Wycliffe, John Huss e Sovonarola, conforme aponta Valdecélia Martins (2017), é apenas com Martinho Lutero (1483-1546), monge agostiniano e professor de teologia na Universidade de Wittenberg, em 1517, que a Reforma Protestante introduz em ampla escala uma compreensão moderna da nova ordem político e social, a partir da qual o papel do humanismo cívico passa a se constituir como estrutura formal (LAGOS, 2013, p. 24).

As atitudes tomadas por Lutero, ainda que inicialmente estivessem sob um pretexto de abertura ao colóquio, fizeram com que o reformador sofresse perseguições e ameaças, tanto por parte da Igreja Romana quanto por conta do Imperador. Apoiado por Frederico III, príncipe eleitor da Saxônia, o monge participara do debate de Leipzig, no ano de 1519, para então, no ano seguinte, queimar em praça pública os livros de direito canônico e a bula papal que o excomungava da Igreja Católica. Também, em 1521, Lutero é convocado a apresentar-se na Dieta de Worms, perante o imperador do Sacro Império, Carlos V, além dos demais príncipes da Alemanha, com fim de prestar contas sobre seus ensinamentos e doutrina (FERREIRA, 2013).

Após a Dieta de Worms, então, Lutero, já não tendo mais o apoio da Igreja ou do Imperador, começa aceitar de maneira mais clara o suporte oferecido pela parte dos príncipes que lhe eram simpatizantes, como o príncipe Frederico, que abrigou o reformador alemão no castelo de Wartburg (MAGALHÃES FILHO, 2014, p. 63).

Além de Lutero, outro reformador que é digno de destaque neste trabalho é João Calvino (1509-1564). Filho de advogado, por consequência membro da classe burguesa de sua nação, o francês de notável domínio na arte da oratória, com formação humanística e jurídica, após converter-se ao protestantismo refugia-se em Genebra, para ajudar seu mentor, Guilherme Farel, no estabelecimento da fé reformada naquela cidade (MAGALHÃES FILHO, 2014, p. 66).

Calvino faz parte da segunda geração de reformadores, período em que a fé protestante encontrava-se mais solidificada, porém ainda sob constante pressão e ataque do catolicismo romano. Em Genebra o reformador francês consegue implementar seus projetos de reforma, fazendo com que a cidade se tornasse exemplo para a cristandade (FERREIRA, 2013).

Neste mesmo sentido, Magalhães Filho menciona que "Genebra tornou-se um modelo de cidade protestante. Havia intenso serviço diaconal para assistência dos doentes e dos necessitados, a mendicância foi extinta e a cidade foi organizada dentro de uma estruturada disciplina" (MAGALHÃES FILHO, 2014, p. 67).

Justo L. Gonzalez comenta, quanto aos ideais do reformador francês, que:

> Em 1559 Calvino viu cumprir-se um de seus sonhos, ao ser fundada a Academia de Genebra, sob direção de Teodoro de Beza, que depois sucedeu Calvino como chefe religioso da cidade. Naquela academia se formou a juventude genebrina segundo os princípios calvinistas, porém seu principal impacto se deve a que nela cursaram

estudos superiores pessoas procedentes de vários outros
países, que depois levaram o calvinismo a eles (GONZA-
LEZ, 2004).

Ainda, convém citar que da Reforma luterana surgiram dois
movimentos distintos, com pensamentos diferenciados acerca do envolvimento da Igreja com o Estado. De um lado, representada pelos
teólogos já citados, estava a "Reforma Magisterial", que se utilizava da
ajuda dos príncipes para quebrar com os grilhões dos dogmas católicos.
De outro lado, a "Reforma Radical", conhecida também como movimento dos "Anabatistas", onde seus adeptos defendiam a existência de
uma "Igreja espiritual", visível, mas que não possuía laços com o Estado
(FERREIRA, 2013).

2.2   PRINCIPAIS POSTULADOS DA REFORMA

Superada a questão do contexto histórico da Reforma protestante, convém analisar, mesmo que de maneira breve, os principais pensamentos doutrinários e teológicos dos reformadores e de seus seguidores,
sintetizado ao longo dos anos nas chamadas "Confissões de Fé", posto
que seus ideais políticos tinham por base o seu credo.

Magalhães Filho afirma que a Reforma "recuperou as ênfases
cristãs que favoreciam a valorização do indivíduo e da autonomia humana", e o faz citando como exemplo as doutrinas da justificação pela fé,
do livre exame das Escrituras e do sacerdócio universal de todos os santos
(MAGALHÃES FILHO, 2014, p. 84).

2.2.1   A VALORIZAÇÃO DO INDIVÍDUO COMO PILAR DA REFORMA

Conhecidos como os pilares da Reforma protestante, os "Cinco Solas" são exclamações que afirmam de maneira concisa as doutrinas bíblicas trazidas à memória por conta dos ideais dos reformadores. Esses postulados são conhecidos por sua designação latina como *Sola Scriptura* (Somente as Escrituras), *Sola Fide* (Somente a Fé), *Sola Gratia* (Somente a Graça), *Solus Christus* (Somente Cristo) e *Soli Deo Gloria* (Glória somente a Deus), conforme expõe Vargens (2013, p. 23).

Tendo em vista o foco deste livro, serão analisados apenas dois dos postulados apresentados acima, a saber, "Somente as Escrituras" e "Somente a Fé".

O primeiro reafirma a Bíblia como regra de fé, conduta e prática pra todos os cristãos. Esse princípio demonstra que a Escritura é fonte única e suficiente de revelação divina para a salvação do homem, sendo capaz de guiá-lo ao conhecimento de Deus e da verdade. A exclamação de "somente as Escrituras" faz com que o "eixo hermenêutico", conforme leciona Hermisten Maia, desloque-se "da tradição da Igreja para a compreensão pessoal da Palavra" (2007, p. 41). O mesmo autor, ainda, afirma que a Escritura antecede a Igreja, e que por conta disso é a primeira que legitima e autentica a segunda, sentido oposto do que adotado pela Igreja Romana (MAIA, 2007, p. 45).

O foco dos reformadores, conforme leciona Lopes, era afirmar precisamente que nenhum concílio, decisão eclesiástica, tradição, intuição espiritual ou argumento filosófico poderiam interpretar a bel-prazer, autenticar ou legitimar as Escrituras - em todo ou em partes (LOPES, 2013, p. 163).

Em segundo ponto encontra-se "somente a fé", principal postulado da Reforma protestante. Aqui, há a afirmação que a justificação do ser humano diante de Deus se dá de maneira única e exclusiva através da fé - não por méritos ou obras, próprios ou dos santos. É a crença nesse princípio que deflagra a ira de Lutero contra a venda do perdão de pecados por parte da Igreja Católica (VARGENS, 2013, p. 67).

Charles Hodge (2015) leciona que a justificação pela fé repousa no ato de receber e descansar na certeza das obras de Cristo, entendendo que a justiça do Messias, mediante a fé, é aplicada ao pecador. É possível encontrar esse ensino de maneira expressa no artigo quarto da Confissão de Augsburgo, documento redigido em 1530 por Filipe Melanchthon, após convocação do imperador Carlos V para uma Dieta que ocorreu em abril, do mesmo ano, na Alemanha (MELANCHTHON, 1530).

Magalhães Filho afirma que:

> A doutrina da justificação pela fé salientava a possibilidade de o homem reconciliar-se com Deus sem a mediação institucional. Ela trazia um enfoque democratizante em relação à igreja, a qual passava a ser entendida como uma comunidade reunida em torno da palavra de Deus e não como um sistema institucional hierarquizado (MAGALHÃES FILHO, 2014, p. 85)

O postulado da justificação pela fé provoca no indivíduo um sentimento de independência da institucionalização, do credo na necessária mediação por parte de homens entre o crente e Deus, visto que não fundamenta a salvação em obras ou méritos, mas na fé em Cristo (CÉSAR, 2013).

Com esses dois postulados em mente, convém analisar seus desdobramentos a nível social, além das fronteiras da fé.

2.2.2   O LIVRE EXAME DAS ESCRITURAS

Conforme já exposto, no período da Reforma protestante o "eixo hermenêutico" de interpretação da Bíblia, e consequentemente da moral e ética social, concentrava-se no poder da Igreja Romana e em sua tradição. Tão somente o Papa e seus sacerdotes detinham o poder de delas reter o que lhes conviesse. O acesso à Bíblia era extremamente estrito, ao ponto que se alguém desejasse ter um exemplar em sua casa, deveria pedir a autorização do pontífice para tanto, conforme leciona Wilson Porte Junior (2016, p. 55).

O mesmo autor ainda enfatiza que no período compreendido durante os séculos XII a XV, a Bíblia era encontrada apenas em latim, e que poucos mosteiros mantinham e conservavam cópias em grego ou hebraico. Entretanto, esse fator chegava a ser de pouquíssima importância, posto que o povo comum mal compreendesse a língua latina que era falada pelos líderes da Igreja durante as missas (PORTE JUNIOR, 2016, p. 55).

Dada a rígida institucionalização da Igreja Católica, o acesso a Deus era restrito aos dizeres e ordenanças dos sacerdotes. A hierarquia eclesiástica fazia com que o conceito de fé em Deus se unisse com a ideia de necessária submissão à instituição. Neste mesmo sentido Magalhães Filho vai além ao explicar que esse poder de informação concentrado nas mãos da instituição tinha consequências negativas, como por exemplo dar margens ao autoritarismo. O autor expõe que:

> Essa postura da Igreja Romana iniciou um processo de depreciação dos direitos humanos. A condenação da liberdade de consciência e de imprensa, consideradas como tolice, é um exemplo. Viu-se então um gradativo afastamento do princípio de valorização do ser humano, expresso no cristianismo primitivo (MAGALHÃES FILHO, 2014, p. 83).

Esse poder autoritário da Igreja fica demonstrado, por exemplo, quando três séculos antes de eclodir o movimento da Reforma Protestante, o Papa Inocêncio III escreve um documento condenando à prisão, interrogatório e julgamento qualquer pessoa que estivesse envolvida na tradução de volumes e tomos da Bíblia. Ainda, outro exemplo é a decisão do Concílio de Toulouse, ocorrido em 1229 d.C., onde foi decidido que cada bispo deveria nomear um determinado grupo de pessoas que, sob juramento, buscariam em cada casa, "do sótão à adega", exemplares da Bíblia, trazendo seus donos ao julgamento (PORTE JUNIOR, 2016, p. 60).

É neste contexto de dominação do intelecto que surgem os ideais da Reforma, para, através do livre exame das Escrituras, dar ao povo simples a capacidade de, por conta própria, compreender os simples e claros escritos bíblicos (GONÇALVES; VIEIRA, 2014, p. 75).

Pode-se definir, portanto, a doutrina do "livre exame das Escrituras" como a democratização do poder contida no ato de entregar ao cidadão comum a capacidade de ler e efetivamente entender o que está escrito, e isso em sua língua materna. O princípio do livre exame devolve ao indivíduo a capacidade de ser crítico quanto ao mundo que o rodeia, tendo seu argumento fundamentado em algo que compreendeu sozinho. É precisamente isso que o reformador alemão quer dizer quando afirma que "é sempre melhor ver com os próprios olhos do que com os de outras pessoas" (LUTERO, 2017, p. 28).

Os ideais apresentados pela Reforma quanto ao livre exame foram alavancados e solidificados, ainda, com a invenção de Johannes Gutenberg, a imprensa. Enquanto uma cópia da Bíblia, feita à mão, demorava em média dois anos para ser confeccionada, agora, com o apoio do inventor, outras várias eram produzidas no mesmo espaço de tempo (PORTE JUNIOR, 2016, p. 56).

Faz-se necessário lembrar que o princípio do livre exame caminha lado a lado com a doutrina da justificação pela fé, conforme leciona Magalhães Filho. Nas palavras do autor:

> Enquanto a doutrina da justificação pela fé defendia o acesso direto a fonte da salvação, a doutrina do livre exame das Escrituras reconhecia a competência do indiví-

duo pra chegar à verdade por si mesmo através da leitura do texto bíblico. Ao lado dessa competência individual reconhecida, o chamado direto de Deus a cada pessoa salientava sua responsabilidade individual (MAGALHÃES FILHO, 2014, p. 84-85)

Os Puritanos, participantes de um movimento social, político e religioso que ocorreu na Inglaterra durante e após a Reforma luterana, também tomaram as dores da privação à informação para si e ocuparam-se em traduzir a Bíblia para sua língua materna, o inglês. Como exemplo, cita-se a Bíblia de Genebra, fruto do trabalho expressivo de uma colônia inglesa na Genebra de Calvino, utilizada inclusive por Shakespeare e Spencer (RYKEN, 2013, p. 235).

Além do que exposto, o princípio do livre exame das Escrituras traz, em si mesmo, um contexto de prestação de contas por parte daquele que propaga qualquer tipo de informação, sob a necessidade de legitimar seu discurso com a apresentação da fonte de seus ideais. É precisamente isso que Calvino alega quando, no primeiro volume de sua *magnum opus*, afirma que o conhecimento da verdade só pode ser validado quando se tem acesso à fonte primordial (CALVINO, 1985, p. 89).

De igual modo, Magalhães Filho comenta que "o livre exame habilitava cada cristão ao conhecimento da verdade e as constituições escritas e públicas permitiam a cada um conhecer o seu direito" (MAGALHÃES FILHO, 2014, p. 90).

Portanto, vê-se no princípio do livre exame das Escrituras uma valorização do intelecto do indivíduo, uma democratização do poder através do conhecimento e um reforço ao espírito *ad fontes* da Reforma Protestante - elementos que são ressaltados na doutrina do sacerdócio universal de todos os santos.

2.2.3   O SACERDÓCIO UNIVERSAL DE TODO OS SANTOS

De todas as doutrinas oriundas da Reforma Protestante que tratem acerca da eclesiologia - ramo da teologia que estuda a Igreja e suas formas de governo, nenhuma delas foi tão marcante e contundente quanto o ensino do sacerdócio universal de todos os santos. Os reformadores insistiram nessa doutrina pois ela faz frente justamente com o clericalismo da Igreja Romana, e combate os ideais absolutistas justificados na prática do clero romano (NASCIMENTO FILHO, 1999).

Ao propor uma série de reformas na Igreja Romana, Lutero não tinha pretensões de criar um movimento à parte, ou de causar rupturas no organismo estrutural da instituição. Desejava tão somente corrigir os erros que apontara, e um dos principais era justamente a divisão entre "clero" e "seculares". Ao entender que a justificação do cristão se dá mediante sua fé em Cristo, e não em suas obras, o reformador alemão alega, então, que não existe diferença entre aqueles que ocupam os cargos eclesiásticos e os demais membros da sociedade. A Reforma propõe, assim, ideais de igualdade (PADILHA, 2012).

Nesse contexto, o cientista político Olivier Nay leciona que a Reforma surge justamente para quebrar com o dogma da centralização do poder sob as amarras da hierarquia da Igreja Romana. O clero não detém nenhuma "legitimidade sagrada" que o distinga daqueles chamados de "leigos". A Igreja é justamente a comunidade da fé, e não a instituição organizada (NAY, 2007, p. 185-186).

Adoniran Melo afirma que o entendimento de Lutero acerca do conceito de "Igreja" era diferente daquele existente em seu tempo, *in verbis*:

> Para Lutero a igreja era uma comunidade e não o magistério da Igreja. Inclusive ele não gostava do termo alemão mais comum para igreja: *kirche*. Este termo signi-

ficava "Casa do Senhor", e traia a ideia de que a igreja era um templo. Este termo alemão tem a mesma raiz da palavra inglesa *church*. Lutero preferia termos como *gemeine* (comunidade) e *versammlug* (assembleia). A igreja é portanto a "comunhão dos santos" ou o "sacerdócio evangélico". Este ponto na teologia de Lutero é extremamente revolucionário. [...] Lutero enfatiza que a "Igreja, porém, não é pedra nem madeira, mas é o conjunto de pessoas crentes em Cristo" (MELO, 2010).

Com esse pensamento revolucionário é que a Reforma acentua gênese dos ideais de democracia no século XVI. Ao proclamar que o homem é justificado pela sua fé, não pelas obras ou pela atuação da Igreja, e que por isso tem livre acesso a Deus; que todos têm o direito de ir à Palavra em busca de confirmação do que é pregado e ensinado, a título de prestação de contas; e que não há diferenças aos olhos de Deus entre o ministro ordenado e um simples cidadão, a Reforma traz luz aos ideais de igualdade e valorização do indivíduo como pessoa, e não objeto (MAGALHÃES FILHO, 2014, p. 86).

Lutero afirma, em sua obra "Sobre a autoridade secular", que:

> Não existe superior entre os cristãos, à exceção de Cristo. E como poderia haver superioridade [ou inferioridade], quando todos são iguais e têm o mesmo direito, poder, benefícios e honrarias? Nenhum deles deseja ser superior a outro, pois todos querem ser inferiores aos demais. Como alguém poderia, ainda que desejasse, estabelecer superiores entre pessoas assim? A natureza não admitirá superiores quando ninguém quer ser ou pode ser um superior. [...]
>
> E quanto aos sacerdotes e bispos? Seu governo não é de superioridade ou poder, mas antes um serviço e um ofício. Isso porque eles não estão em posição mais elevada ou melhor do que os outros cristãos, e consequentemente

não devem impor leis e ordens aos outros sem o consentimento e permissão destes (LUTERO, 2005, p. 53).

Isso não significa que a pessoa do "bispo" ou "ministro" foi abolida do seio da igreja. A diferença, entretanto, é que para o reformador tais vocações não seriam sinônimo de um "cargo especial e de mando", e sim de uma "função a ser exercida". O pastor tem sua importância dentro de uma comunidade, posto que aos seus membros comunica os eternos decretos de Deus. Entretanto, a própria forma de consagração deste ministro deveria se dar, de acordo com Lutero, de maneira democrática: o pastor teria de ser eleito pelos irmãos na fé e, caso descumprisse com suas obrigações ou prestasse um serviço mal feito perante demais, poderia ser retirado do cargo específico (MELO, 2010).

Por este viés, tanto um sacerdote ordenado quanto um sapateiro tem sua importância pessoal em pé de igualdade quando sob o olhar do Criador. Do ferreiro ao lavrador e a mãe de família, todos esses tem suas funções úteis para serviço do Reino e, principalmente, da comunidade - de maneira mútua os irmãos vivem em comunhão e servem de corpo e alma para que os anseios do "todo" prevaleçam sobre os desejos de algum determinado indivíduo (PADILHA, 2012).

Assim, Magalhães Filho leciona que:

> Como o crente era tido por justificado diante de Deus pela fé, alcançando um novo status espiritual (o status de sacerdote), o indivíduo, pelo Direito Natural (e,depois, pela Constituição), afirmava sua autonomia, dignidade e liberdade perante o Estado. Se todos eram sacerdotes diante de Deus, todos eram iguais perante a lei. A elevação do cristã à condição de sacerdote encontrava paralelo na elevação do súdito (objeto do poder) à categoria de cidadão (sujeito do poder). Como a Escritura era a regra de fé e prática do cristão, deveria haver uma Constituição para ordenar a sociedade política. Como a Escritura continha as condições das alianças de Deus e os

homens, a Constituição deveria ser vista como um pacto social entre os representantes do poder e o povo ou entre o monarca e o parlamento (como representante do povo) (MAGALHÃES FILHO, 2014, p. 89-90)

É evidente que esses ideais não surgiram de maneira abrupta, ou que não enfrentaram fortes oposições. Alguns usaram das doutrinas pregadas pelos reformadores para afirmar que se todos os cristãos são considerados sacerdotes, logo não haveria a necessidade da figura de um "ministro ordenado", e o clero seria então secularizado. Outros, ainda, que esse "novo ensinamento" apresentado faria com que todos tivessem o direito de interpretar os assuntos de fé e doutrina a bel-prazer. Ambos os casos apresentados constituem perversões do pensamento original de Lutero (GEORGE, 1994).

Magalhães Filho, ao citar Laurent Gagnebin, leciona que os ideais da Reforma foram espalhados de maneira gradual, sendo que a doutrina do sacerdócio universal de todos os santos:

> A pouco e pouco engendrou nas diferentes famílias do protestantismo uma estrutura e um funcionamento democráticos. Isso não sucedeu de repente e conheceu muitos choques, muitas exceções e levou tempo a dar fruto. Mas o espírito da democracia encontrava-se essencialmente em germe na realidade de um sacerdócio universal reconhecido por todos os ramos do protestantismo. Modelou assim progressivamente não apenas o seu aspecto, mas também os seus métodos e, sobretudo, o seu estado de espírito (GAGNEBIN, 1997, apud MAGALHÃES FILHO, 2014, p. 86).

Conforme leciona Nay, o pensamento reformado traz, em si mesmo, uma significativa mudança para a filosofia moderna, posto que quando dá ao crente certa autonomia e lhe permite o livre acesso e exame da Bíblia, apresenta então o novo objeto filosófico: o "indivíduo". A Reforma apresenta, portanto, a primeira doutrina que valoriza e mostra certa confiança na razão dos homens. O pensador político afirma que:

> Antes de tudo, a doutrina reformada deixa entrever a ideia do sujeito individual. Ao reconhecer ao fiel o direito de escolher sua religião e a capacidade de intervir ativamente na prática do culto, ela faz dele um ser dotado de uma "consciência" própria. O indivíduo reformado progride, de fato, por seu procedimento pessoal, interior. Não é mais simplesmente aquele homem medieval concebido como o elo de uma comunidade natural que o ultrapassa e o transcende. Não é somente um elemento da Criação. Não é unicamente um homem encerrado nos determinismos da natureza e da Providência. É um ser que é capaz de viver sua própria via espiritual e que, por conseguinte, existe por si mesmo (NAY, 2007, p. 186).

Ante o exposto, é possível notar que, em conjunto com a doutrina da justificação pela fé e o ensino do livre exame das Escrituras, o sacerdócio universal de todos os santos fez com que um espírito de democracia e significância do indivíduo tivessem como fonte, também, os postulados apresentados pela Reforma Protestante.

2.3   O PENSAMENTO POLÍTICO-SOCIAL DOS REFORMADORES

A Reforma pretendia, inicialmente, ser um movimento estritamente religioso, de renovação da Igreja cristã. Entretanto, influiu de maneira dupla sobre as discussões acerca do ideário político do século XVI. A curto prazo, a Reforma abriu caminho para conflitos armados e guerras civis, que fomentaram a eclosão de teses e pensamentos antiabsolutistas radicais. A longo prazo, os escritos e tratados oriundos do pensamentos dos reformadores desempenharam um importante papel para a concepção moderna de liberdade (NAY, 2007, p. 178).

Passa-se a analisar e estudar, então, nesta seção, o pensamento dos reformadores, em especial de Lutero e Calvino, acerca do envolvimento da Igreja institucionalizada com o Estado.

Além disso, convém mencionar a influência que a doutrina reformada exerceu nos campos da educação e direitos femininos, tendo por base a valorização do indivíduo como pessoa detentora de direitos, e não como objeto de manobras políticas.

2.3.1   O ESTADO COMO ESPADA

Ao propor a reforma no meio eclesiástico, Lutero precisou pedir auxílio e apoio aos Príncipes da Alemanha, posto que sozinho não teria condições de enfrentar a ira e as retaliações advindas da Igreja Romana e do Imperador. Assim, a teologia do reformador alemão que era centrada na obra de Cristo, na justificação pela fé e no retorno às Escrituras, abarca também o envolvimento do cristão com o Estado - por ele chamado de "Espada" ou de "Autoridade". Essa necessidade se dá principalmente pela junção do "poder temporal" com o "poder espiritual". Harro Hopfl afirma que:

> Tamanha era a interpenetração entre o secular e o espiritual no século XVI, que nenhuma reforma da religião poderia ser feita sem uma transformação da ordem pública nas unidades políticas da Europa cristã, e nenhuma mudança poderia ser institucionalizada sem a assistência dos governantes seculares (HOPFL, 2005, p. IX-X).

Desse diálogo com os governantes seculares surge o primeiro escrito de Lutero que aborda assuntos como política ou envolvimento de cristãos com o Estado, no ano de 1520, intitulado como "À nobreza cristã da Nação Alemã acera do melhoramento do estado cristão". Nesse, o reformador alemão apela à nobreza que se empenhe em realizar mudanças fáticas na estrutura da sociedade e Igreja. De maneira incisiva Lutero afirma que alguns impostos deveriam ser abolidos, a mendicância deveria ser combatida de maneira eficaz, visando o melhoramento da situação de vida dos pedintes, e que se fizesse urgente e necessariamente uma reforma no sistema de ensino, desde as universidades às escolas de primeiro grau (GAEDE, 2007).

Entretanto, para que tais mudanças pudessem ser efetuadas, o governo civil deveria ter domínio e controle sobre a classe eclesiástica. Os Príncipes favoráveis à Reforma requeriam precisamente isso dos reformadores: que escolhessem eles mesmos os seus bispos e professores, funções intimamente ligadas. Assim, a consequência desse primeiro escrito do reformador alemão seria de entregar à autoridade secular o poder sobre a Igreja, tornando ainda mais sombrio e obscuro o envolvimento dos dois poderes (PEREIRA, 2015).

É importante ressaltar que para o reformador alemão, seguidor da escola de Agostinho, existem de fato dois poderes, duas *Civitas*, duas esferas de domínio - o Estado e a Igreja. Porém, Lutero cria na independência dessas esferas, sendo que cada uma teria suas funções específicas. Valdemar Gaede afirma que:

> Lutero pensa de modo diferente [ao da Igreja Romana]. Para ele, o Estado não está sujeito à tutela da Igreja. O Estado tem responsabilidade própria. É preciso cuidar para não misturar as competências. A confusão de Igreja e Estado resulta em regime teocrático que, segundo Lutero, é contrário ao evangelho. A pregação da Palavra de Deus é uma coisa; governar uma nação é outra coisa (GAEDE, 2007).

Temendo, então, atitudes tirânicas por parte dos príncipes, Lutero confecciona um novo escrito, no ano de 1523, intitulado "Sobre a autoridade secular: até que ponto se estende a obediência devida a ela?", onde o reformador justifica a necessidade da existência do Estado, tendo por base textos bíblicos como a carta de Paulo aos romanos, capítulo 13, e a primeira carta de Pedro, capítulo 2, aponta os limites de atuação dos príncipes e autoridades, e trata da necessidade de separação entre os poderes temporal e espiritual (PEREIRA, 2015).

O próprio Lutero começa seu escrito dirigindo-se ao seu protetor Frederico, o Sábio, Eleitor da Saxônia, da seguinte maneira:

> Algum tempo atrás, escrevi um panfleto dirigido à nobreza alemã. Nele, apontei suas tarefas e deveres como cristãos [...]. Assim, devo dirigir meus esforços em outra direção e escrever, em vez disso, cerca do que eles *não devem* fazer e do que devem *cessar* de fazer. Tenho certeza de que prestarão tão pouca atenção desta vez quanto fizeram em relação a meu último escrito [...]. Pois Deus Todo-Poderoso tornou loucos os nossos príncipes: eles realmente acreditam que podem ordenar a seus súditos o que quer que desejem e fazer em relação a eles o que bem lhes aprouver. E seus súditos estão igualmente iludidos e acreditam (erroneamente) que devem obedecer-lhes em todas as coisas. Agora chegou-e a esse ponto, em que os governantes começaram a ordenar às pessoas que entregassem livros[1] e acreditassem e pensassem como seus governantes lhes dizem. Eles tiveram a temeridade de colocarem-se no lugar de Deus, de tornarem a si mesmos senhores das consciências e da crença [...] (LUTERO, 2005, p. 5-6, grifo no original).

Para Lutero, então, o poder secular, a Espada, que simboliza a função repressiva do Estado, é fundamentado no decreto divino, conforme apontado anteriormente. O reformador alemão utiliza dos escritos dos apóstolos Paulo e Pedro para afirmar que toda autoridade é constituída por Deus, legítima para governar a todos, punindo os maus e

---

1   O reformador aqui faz uma referência ao fato de que alguns governantes católicos exigiam de seus súditos a entrega de "exemplares da tradução da Bíblia para o alemão feita por Lutero" (HOPFL, 2005, p. 6)

recompensando os bons, e que como toda autoridade é pelo Criador embasada, então lhes é devido o respeito, a honra e obediência por parte dos cidadãos (PEREIRA, 2015).

Haveria caos, desordem e violência sem limites caso não fosse instituído um poder temporal expresso nas formas de leis e Estado. Assim, é nesse sentido que Lutero afirma ter Deus criado estes dois governos: o espiritual, que cuida de moldar os verdadeiros cristãos e as pessoas consideradas justas; e o secular, responsável pela ordem, reprimindo os criminosos e mantendo o bom comportamento da sociedade, a paz externa (LUTERO, 2005, p.15).

Para dar ainda mais força à sua tese quanto à necessidade da existência do Estado como autoridade repressiva, Lutero afirma que é loucura o que alguns reformadores, aqueles pertencentes ao grupo dos anabatistas, defendem: um mundo controlado apenas pelo Evangelho, representado na figura da Igreja. Utilizando-se de uma parábola, o reformador expressa seus pensamentos acerca desse assunto: compara tal pretenso mundo como se alguém ajuntasse no mesmo aprisco lobos, leões, ursos e ovelhas, para que livremente se associassem, apenas sob o comando de que fossem justos e se alimentassem. As ovelhas pacificamente se submeteriam às ordens recebidas, porém não sobreviveriam por muito tempo (PEREIRA, 2015).

Ainda em seu escrito de 1523, após explicar o que legitima a existência e necessidade do Estado, Lutero separa um capítulo de sua obra para, então, explicar quais os seus limites, posto que não deve invadir o governo de Deus. O reformador apela à moderação, entendendo que um governo ilimitado é insuportável, mas que um confinado em limites muito estreitos se mostra prejudicial. O autor aponta que:

> A experiência cotidiana mostra-nos suficientemente que cada reino deve ter suas próprias leis e que nenhum reino ou governo pode sobreviver sem lei. O governo secular tem leis que não se estendem além do

corpo, dos bens e das questões exteriores, terrenas. Todavia, no que diz respeito à alma, Deus não pode e não quer permitir que nenhum outro governe além dele mesmo. E assim, onde a autoridade secular toma a seu cargo legislar em relação à alma, ela invade o que pertence a o governo de Deus e simplesmente seduz e faz perder as almas (LUTERO, 2005, p. 35-36)

Com isso, um dos temores que Lutero apresenta e que se mostra ávido em combater é que os príncipes se sintam em condição e capazes de lutar contra as heresias e pensamentos diversos ao Evangelho através do uso da força e poder coercitivo. Esse dever é dos ministros eclesiásticos, que por meio de debates e diálogos devem convencer os demais, e não do poder secular. O Estado não deve, em hipótese alguma, impor uma religião ou credo aos cidadãos, pois é preferível que esses vivam de acordo com seus sistemas de crença, mesmo que avessos à Bíblia, que sejam obrigados a mentir ou omitir o que pensam em seus atos externos (MAJEWSKI, 2014).

Lutero termina sua obra, após dar as bases doutrinárias do Estado e de expor seus limites, lecionando uma série de conselhos aos príncipes, explicando-lhes como proceder de maneira justa em seu governo. Afirma que em primeiro lugar, o governante deve cuidar de seus súditos, observando suas necessidades e sua disposição para com a atuação do Príncipe. Em segundo lugar, deve sempre manter-se atento aos seus conselheiros, nunca depositando demasiada confiança e poder naqueles que o cercam. Em terceiro, deve cuidar com o modo a que leva justiça aos malfeitores. Um príncipe não deve punir um mal com outro ainda maior. Por fim, deve ser submisso a Deus, rogando-Lhe sempre sabedoria e condições de guiar seus súditos (LUTERO, 2005, p. 56-65).

Assim, vê-se que Lutero defendia tanto a existência do Estado, quanto sua separação da Igreja, principalmente para não utilizar a fé como instrumento de mando e coerção, entendendo que são esferas distintas e independentes, cada uma com uma função determinada, devendo o primeiro zelar pela ordem e aplicação da lei, enquanto a segunda com a alma dos cidadãos.

2.3.2   A REFORMA E O GOVERNO CIVIL

Ao lado de Lutero, Calvino foi um dos maiores pensadores que a Reforma Protestante revelou. Ao contrário do reformador alemão, entretanto, Calvino produziu suas obras de maneira sistemática, apresentando em sua *magnum opus*, "A Instituição da Religião Cristã", seu pensamento acerca de doutrinas eclesiásticas e teológicas, além de reservar o último capítulo do quarto volume dessa obra para tratar acerca do envolvimento da Igreja (ou do cristão) com o Estado (GONZALES, 2004).

Ao escrever acerca do governo civil, Calvino disserta no mesmo sentido do reformador alemão, e o faz sob a premissa de que o Estado é necessário e divinamente instituído. Isso se deu principalmente pelos confrontos que o movimento da Reforma Magisterial teve com os representantes da chamada Reforma Radical, os já citados anabatistas, além dos anarquistas e revolucionários da época. Para Calvino existem estes dois governos, o Civil (Estado), e o Eclesiástico (a Igreja). São, por definição, distintos, e o primeiro não deve interferir nos negócios do segundo. Inclusive, no período em que foi pastor e líder espiritual em Genebra, Calvino constantemente enfrentou os assédios de magistrados civis, que ansiavam por interferir nos negócios da Igreja (MATOS, 2004).

Na mesma medida que enfrentou dificuldades com os anabatistas, é correto afirmar que Calvino teve de trocar embates com aqueles que, de certa forma, defendiam um certo "culto ao Estado", nele depositando de maneira quase integral a sua confiança. Quanto a isso, Ferreira comenta que a obediência ao Estado se dá não por medo, mas por consciência, que por sua vez é o lugar da liberdade (FERREIRA, 2016, p. 202).

O pensamento político de Calvino advém de dois princípios basilares de sua teologia, a saber, o da "soberania de Deus", que abarca todas as áreas da vida humana, e que afirma ser o Senhor o poder máximo sobre todas as coisas; e o da "depravação total", que declara estarem todos os homens, em pé de igualdade, contaminados pelo pecado em sua mais íntima natureza. O Estado é, nesse sentido, autoridade e dádiva delegadas por Deus ao homem. Com isso em mente, Ferreira leciona:

> [...] Que a vontade do povo era a fonte do legislativo; segundo, que o poder era, de maneira mais própria, delegado pelo povo aos seus governantes; terceiro, que num governo eclesiástico, o clérigo e o leigo têm autoridade igual e coordenada; quarta, que entre a Igreja e o Estado nenhuma aliança ou dependência mútua, ou outra relação definida, necessariamente ou propriamente existe. [...] O calvinismo defende um sistema de governo popular, de acordo com as leis - governo cuja autoridade repousa, humanamente falando, no consentimento dos governados (FERREIRA, 1985, p. 209).

Calvino divide o espaço de sua obra quando trata sobre o Estado em quatro temas principais, sendo os três primeiros os componentes desse, após comentar sobre as bases teológicas que dão origem ao governo civil e a necessidade de sua existência. O reformador francês disserta, então, sobre os Príncipes, os Magistrados Civis, as Leis e, por fim, quanto à obediência às autoridades. Além disso, expõe sem temores suas convicções pessoais que tangem a melhor e mais segura forma de governo. (CALVINO, 2005, p. 80).

Quanto às formas de governo, o reformador dá sua preferência à aristocracia, que sob a ótica de Calvino vem a ser um exemplo de governo democrata representativo, posto que defendia a delegação de poderes da sociedade a um grupo menor de indivíduos, capaz de guiar a nação. Na aristocracia encontra-se, segundo o reformador, o equilíbrio. Também, ataca o sistema monárquico, onde há frequente abuso da autoridade por parte de apenas um homem, que enaltece seus desejos sobre as necessidades de seu povo. Por fim, expõe seu pensamento quanto à democracia, e afirma que com facilidade essa forma de governo descamba para a anarquia (FERRERIA, 1985, p. 214).

Reconhecendo os problemas de cada umas das três formas apresentadas, Calvino afirma que:

> A monarquia pode degenerar em uma tirania. A aristocracia, porém, transforma-se tão facilmente no governo de uma facção. E a degeneração de um governo do povo em insubordinação e revolta é o caso mais fácil de todos. Admito de imediato que, se as três formas de governo a que se referem os filósofos forem consideradas em si mesmas, a aristocracia, seja em sua forma pura, seja em uma forma mista, combinando a aristocracia e o governo constitucional, excederá em muito todas as demais formas. [...] Admito de bom grado que nenhuma forma de governo é melhor do que aquela na qual estão reconciliados a liberdade e o grau correto de coerção, um governo corretamente ordenado de modo que seja duradouro (CALVINO, 2005, p. 86-87).

Matos afirma que o pensamento de Calvino é essencialmente conservador, mais voltado para um viés democrático, por razões claras na história da Reforma e de seus reformadores. Segundo o autor, as perseguições sofridas na França, Inglaterra e Escócia trouxeram essa valorização ao pensamento popular (MATOS, 2004).

Acerca dos príncipes, Calvino ressalta sua responsabilidade para com o povo, e principalmente no tocante à administração dos bens públicos e da riqueza da nação. O reformador não via problemas no fato de os príncipes enriquecerem, porém repreendia severamente aqueles que usavam dos cofres públicos para deleite próprio ou dos seus próximos. Os recursos públicos são, para Calvino, parte do tesouro do povo inteiro (GONÇALVES, 2006, p. 89).

Ao tratar da necessidade e função dos magistrados civis, Calvino expõe que esses devem ser obedecidos, e que não podem proferir julgamentos incoerentes com o que juraram fazer: servir à justiça. Para tanto, deve o magistrado livrar o espoliado das mãos dos seus opressores, tomar decisões em prol das viúvas e dos necessitados, não oprimir os estrangeiros, buscar métodos para diminuir as desigualdades sociais e sempre ouvir tanto os ricos quanto os pobres (CALVINO, 2005, p. 90-91).

Os magistrados são, segundo Calvino, os vingadores de Deus na terra, e detém a função de aplicar a lei penal, inclusive a pena capital quando necessária. Porém, ao contrário dos demais reformadores, o francês advogava em prol da ideia de que o Direito Penal deveria ser aplicado apenas como *ultima ratio*, não devendo ser utilizado sem o esgotamento de outros meios que visassem a aplicação da justiça. Não poderia, sob o prisma de Calvino, haver latente desinteresse em punir um malfeitor, porém tal punição não poderia ser de uma selvageria sem igual (COELHO, 2016, p. 102-103).

No tocante às leis, por ter formação jurídica, o reformador francês separa boa parte de seus escritos para tratar acerca do assunto, e o faz com a afirmação de que as leis são justamente a alma da magistratura, sem as quais essa não pode sobreviver. Calvino cita, inclusive, pesadores como Platão e Cícero, lecionando que as leis representam a figura do magistrado quando em silêncio, e que esses demonstram a vitalidade das leis quando agem. Inicia seus estudos tratando sobre a lei moral; combate pensadores que afirmam a necessidade a aplicação da Lei Mosaica (os "Dez Mandamentos") de maneira *ipsis litteris*; e demonstra que há, em sua escola de pensamento, um fundamento para o que se pode chamar de "devido processo legal". Conforme expõe o reformador:

> Deixem tais homens aprenderem esta máxima: recorrer aos tribunais é legítimo quando se faz uso deles corretamente. E o modo correto de utilizá-los é este: o acusado, ao ser intimado, deve aparecer no dia marcado e defender sua causa mediante a apresentação de quaisquer

> justificativas que tenha, sem rancor e sem nenhuma outra intenção exceto a de salvaguardar o que é seu de direito. O queixoso a quem fizeram sofre injustamente, seja em relação a sua pessoa, seja a seus bens, deve colocar-se nas mãos do magistrado, explicar a acusação que apresentou e pedir pelo que é justo e direito (CALVINO, 2005, p. 109).

O reformador francês termina sua obra explanando sobre a possibilidade de se resistir aos magistrados civis e príncipes inescrupulosos, porém o faz com certo contragosto. Para Calvino, a figura do Estado representa a vontade de Deus na terra quanto à manutenção da justiça, e o julgamento dos magistrados deve ser entendido como a aplicação dos decretos divinos. Assim, apenas em última hipótese o governante deve ser resistido, e até mesmo tal resistência tem modo prescrito pelo pensamento de Calvino - não deve ser feita de maneira privada, por indivíduos particulares. O reformador francês defendia, para tais casos, a existência dos magistrados populares: homens eleitos pela sociedade para servirem como fiscais do governo, tais como as figuras dos Tribunos do Povo, em Roma, e os Demarcas de Atenas (MAJEWSKI, 2014).

Essa política social apresentada pela Reforma, sob o formato de textos de pacificação, revela a súbita importância do Direito para regulamentar as relações entre comunidades. Todo um montante de regras leigas surge em um espaço de curtos anos. A nível nacional, na França, por exemplo, elas tomam forma de editos que fixam os direitos gerais dos protestantes, tal como a necessidade de paridade no tratamento aos cidadãos. Ainda, o direito erudito garante paz entre as comunidades e proteção dos direitos adquiridos. Tal paz religiosa favorece, de maneira inesperada, a ascensão da "razão" no seio da política (NAY, 2007, p. 189).

Ressalta-se, por fim, que em nenhuma nação cujo fundamento político é o pensamento reformado calvinista, encontra-se as manchas de alguma ditadura moderna, justamente pela valorização do indivíduo e do pensamento democrático encontrados nos princípios da Reforma (MAGALHÃES FILHO, 2014, p. 90).

2.3.3   A VALORIZAÇÃO DO INDIVÍDUO FEMININO E A BUSCA PELO ACESSO AO SABER

Em uma época onde as mulheres quase não tinham voz, e não dispunham dos mesmos direitos que os homens, a Reforma Protestante, pautada na igualdade entre todos os cidadãos, como observado no princípio do sacerdócio universal de todos os santos, trouxe à tona o debate acerca da posição feminina na sociedade civil. O papel da mulher era, até então, reduzido apenas à administração do lar, cuidado dos filhos e marido. Às solteiras eram reservados os conventos ou, no pior dos casos, e por conta da necessidade de sobrevivência, os prostíbulos (MARTINS, 2017).

Lutero não foi de todo exceção ao pensamento de seu tempo, porém inovou ao afirmar que homens e mulheres são, sob os olhos do Criador, iguais, e por isso deveriam ser vistos da mesma forma pelo governo secular. Isso se torna evidente em, no mínimo, dois momentos específicos. O primeiro repousa no fato de que o reformador defendia arduamente que, bem como os meninos, as meninas também deveriam ir à escola, e que esse direito não lhes poderia ser negado. O segundo encontra-se no próprio enlace matrimonial do reformador. Lutero casou-se com Catarina Von Bora, e constantemente pedia conselhos à sua esposa no tocante a assuntos como política, pontos teológicos divergentes dos demais reformadores de sua época e questões doutrinárias (BRAKEMEIER, 2014).

No que tange o pensamento acerca do sistema de ensino e educação, a Reforma trouxe uma ávida crítica social. Seus postulados quanto a esse conteúdo encontram-se estampados principalmente em três escritos produzidos por Lutero, a saber, aquele dirigido à nobreza cristã da Nação Alemã, datado de 1520; "Aos Conselhos de todas as cidades da Alemanha para que criem e mantenham escolas cristãs", de 1524; e "Uma prédica para que se mandem os filhos à Escola", escrito no ano de 1530. Neste sentido Luciane Muniz Ribeiro Barbosa leciona que:

> Rompendo uma tradição de responsabilidade da Igreja pelas escolas da época, Lutero chama a atenção das autoridades seculares, mais especificamente dos conselhos municipais da Alemanha, e as incube dos encargos da educação escolar; dessa forma, o sustento econômico para a criação e manutenção das escolas seria de responsabilidade das instituições políticas locais (BARBOSA, 2011).

Para Lutero, só é possível haver um real desenvolvimento da sociedade civil organizada quando os cidadãos são devidamente instruídos e ensinados por mestres especializados capazes de desempenhar tal função. É com esse pressuposto que o reformador demonstra a necessidade de ter todas as crianças na escola, desde as mais pobres até os filhos dos príncipes e governantes. A educação, que teria em seu currículo o ensino das artes, geografia, política, economia e outras áreas, seria responsável por preparar e moldar cidadãos capazes não só de abstrair pensamentos elevados acerca de determinados temas, mas também de estarem prontos às demais necessidades práticas da vida (RAMIRO, 2012).

Além de propor mudanças na base curricular do sistema educacional, o reformador alemão também afirma ser necessário um renovo nos métodos de ensino. Para tanto, Lutero fundamenta parte de seus escritos nas doutrinas humanísticas de sua época, e foca sua atenção em alguns pontos que julga serem os mais urgentes e necessários de mudanças, tais como o ensino pautado em punições físicas e psicológicas, que causavam mais sofrimento que aprendizado por parte dos alunos (BARBOSA, 2007).

O pensamento de Lutero acerca da educação também influencia, em certa medida, o dos demais reformadores, além daquelas pessoas que poderiam ser consideradas como amigas próximas do alemão, como Melanchthon. Magalhães Filho afirma que em Genebra, na Suíça, Calvino tornava obrigatória a matrícula de crianças nas escolas públicas. Além disso, o reformador francês pregava que era dever do Estado fornecer a educação para tais crianças, além do salário dos mestres e de alimentação para todos aqueles que não conseguissem arcar com o gatos (MAGALHÃES FILHO, 2014, p. 88).

Ao fundar a Academia de Genebra, Calvino dividiu seu currículo em dois cursos distintos, conforme aponta Wilson Castro Ferreira, os quais são:

> A Schola Privata, baseada essencialmente na gramática, lógica e retórica, além de história e de escritores latinos e gregos. A ênfase da Schola Privata era na leitura corrente, na fala com fluência, na escrita com elegância. Não havia preocupação com a matemática, nem com a geometria, ou estudo de música, como no antigo quadrivium. [...] Depois vinha a Schola Publica, em que a ênfase era na oratória e retórica. Os discursos de Cícero, com o De Oratore, Filosofia Moral, Poesia. O Latim e o Francês deviam ser sabidos corretamente pelos alunos.
>
> Calvino prometeu no início que a sua Academia teria uma faculdade de Medicina e uma de Direito. A Medicina veio antes do seu falecimento, Direito só depois de sua morte (FERREIRA, 1985, p. 195).

Fica claro, portanto, o pensamento dos reformadores acerca da posição social e política da mulher, bem com quanto à educação e o sistema de ensino. Vê-se que travaram lutas em prol dos direitos fundamentais, reconhecendo no indivíduo a capacidade de desenvolver-se intelectual e profissionalmente para benefício próprio e da sociedade.

3

A ÉTICA PROTESTANTE E O ESTADO DEMOCRÁTICO DE DIREITO

Demonstrou-se, no capítulo anterior, que o pensamento da Reforma, fortemente representado através dos postulados religiosos lecionados por seus protagonistas, trouxe um novo significado para o indivíduo, colocando-o em uma posição de detentor de direitos e de garantias fundamentais, tais como as liberdades individuais e acesso ao conhecimento.

Ron Paul, político norte-americano e autor de "Definindo a Liberdade", traduz o ideário cristão de maneira similar aos princípios do Liberalismo, que serão introduzidos neste capítulo, quando afirma que:

> A cristandade [...] enfatiza a importância da dignidade do indivíduo e o fato de que a pessoa mais humilde de toda a sociedade é igual àqueles que nos governam, independentemente da quantidade de poder e força que estes detenham. A mensagem cristã é que nenhum tirano pode destruir a dignidade ou aniquilar o sentimento de valor de qualquer indivíduo, quaisquer que sejam as circunstâncias (PAUL, 2013, p. 222).

Nesse mesmo sentido, no presente capítulo demonstra-se, portanto, como esses postulados, identificados por Weber (2013, p. 147) como o *ethos* protestante, saem da esfera privada do indivíduo e de sua consciência e invadem o mundo, influenciando o liberalismo político, sendo por este traduzidos em um discurso racional e, por fim, ganhando forma nos moldes de direitos positivados, pois, como leciona Bobbio, o ideário da tolerância nasce e tem seu desenvolvimento no seio das controvérsias religiosas (2000, p. 149-155).

3.1   O LIBERALISMO POLÍTICO E OS IDEAIS ANTIABSOLUTISTAS EM JOHN LOCKE

Na presente seção, será feita uma análise do pensamento de John Locke, considerado como "pai do liberalismo", acerca do Contrato Social, demonstrando como o discurso apresentado pela Reforma é traduzido e racionalizado nos postulados do liberalismo político, sendo então colaborador para a instituição do Estado Democrático de Direito.

3.1.1   JOHN LOCKE E OS LIMITES DO PODER CIVIL

John Locke (1632-1704), puritano, médico e filósofo inglês, faz parte de uma vertente doutrinária na Ciência Política que explica a criação do Estado conhecida como "Modelo Contratualista". Ao seu lado estão os também teóricos contratualistas, porém com pensamentos distintos, Thomas Hobbes (1588-1679), filósofo e matemático inglês, e o genebrino Jean-Jacques Rousseau (1712-1778), conforme leciona Danilo Marcondes (2016).

O modelo contratualista aduz que a instituição estatal é fruto e criação artificial do ser humano, tendo sua gênese na vontade racional dos homens, e busca atingir e cumprir determinados fins que são condicionais de sua criação. É uma escola que floresce nos séculos XVI a XVIII, e tem por estrutura básica a contraposição entre o Estado de Natureza e o Estado Civil, sendo essa mediada pelo chamado Contrato Social (STRECK; MORAIS, 2008, p. 29).

O Estado de Natureza é descrito por Locke como um lugar onde não há a presença de um governo que exerce poder sobre os seres humanos, tal qual nas sociedades política e civilmente organizadas. Cada um é livre para decidir como deve agir, e de que maneira dispõe de seus bens, sem a necessidade de lei externa que lhe legitime a fazê-lo. Todos estáo em pé de igualdade e liberdade, onde imperam as leis da natureza, impeditivos morais que servem para coibir os homens de prejudicar os bens, a vida e a liberdade dos demais (NETTO, 2007).

Esse Estado de Natureza lockeano encontra subsídio na doutrina Reformada acerca da valorização das liberdades individuais, demonstradas principalmente nos escritos de Lutero, quando afirma que a liberdade de crença está acima do poder coercitivo estatal. Esta prerrogativa é anterior ao Estado, e segundo os postulados da Reforma a valorização do indivíduo como detentor de direitos básicos é elementar, não apenas como mero objeto de direito utilizado pelos regimes absolutistas (LAFER, 1988, p. 38).

Os pensadores políticos Streck e Morais comentam que:

> Nos quadros do estado de natureza, a razão permitiria a percepção de limites à ação humana, conformando um quadro de garantias naturais ou, melhor dizendo, um quaro de direitos naturais que deveriam ser seguidos pelos homens; aqui o homem já se encontra dotado de razão e desfrutando da propriedade (vida, liberdade e bens); não há, todavia, na eventualidade do conflito, quem lhe possa pôr termo para que não degenere em guerra e, ainda, tenha força coercitiva suficiente para impor o cumprimento da decisão (STRECK; MORAIS, 2008, p. 31).

Para Locke, oposto do que lecionado por Hobbes, a passagem do Estado de Natureza para o Estado Civil não anula suas características peculiares, muito menos o fato de os homens gozarem de sua liberdade, propriedade e vida. O Estado Civil é, para o pai do liberalismo, a chance de sobrevivência das leis naturais, compatíveis com a real natureza do homem (BOBBIO, 1998, p. 171-172).

O problema encontra-se, entretanto, quando a paz provisória estabelecida pelo Estado de Natureza acaba ameaçada por um indivíduo que, de maneira contrária às leis de foro íntimo impostas pelo estado em que se encontra, decide ultrapassar o direito alheio, ferindo a vida, liberdade ou propriedade dos demais. Locke afirma que esse homem precisa ser punido, e tão somente um juiz imparcial seria capaz de fazê-lo, posto que aquele que sofre o dano transformaria a punição em vingança. Sob essa veemente necessidade que surge, então, o Contrato Social (NETTO, 2007).

Ao "pacto de consentimento" de Locke, oposto ao "pacto de submissão" hobbesiano, que é estabelecido entre os membros da sociedade sob a égide da eminente ameaça aos direitos expostos pelo Estado de Natureza, dá-se o nome de "Contrato Social". Em Locke, os homens se reúnem e firmam o acordo no intuito de resguardar a manutenção da paz e liberdade gozadas anteriormente (STRECK; MORAIS, 2008, p. 33).

Esse Contrato Social realiza, então, a transição do Estado de Natureza para o Estado Civil. É baseado na regra da maioria, onde os homens renunciam à independência natural em prol do reconhecimento como partes de um grupo ou conjunto. Um ponto interessante a se constatar é que no Contrato Social exposto por Locke, a renúncia dos direitos naturais ocorre tão somente na esfera do direito penal, o *jus puniendi*. Os homens reconhecem que não são imparciais quando ao julgar as ofensas que sofrem e, por isso, abrem mão de tal direito em prol da coletividade. Na concepção de Locke, ao invés de se renunciar a todos os direitos, salvo um, como lecionado por Hobbes, os homens mantém todos os direitos, com apenas uma exceção (BOBBIO, 1998, p. 222-223).

O Estado Civil, então, é quando os homens, através do contrato pactuado, assumem a forma de corpo político organizado sob um soberano. Esse, por sua vez, ao contrário da doutrina hobbesiana, não pode ter seus poderes ilimitados. Enquanto para Hobbes o Estado erra ao se mostrar fraco, em Locke ele peca quando se mostra excessivo. O governo civil nasce, portanto, limitado: não pode atuar em contradição aos direitos naturais, na mesma medida que deve oportunizar aos cidadãos que deles usufruam (STRECK; MORAIS, 2008, p. 34-35).

Na concepção de Locke, o Estado Civil deve ser organizado em no mínimo três poderes, com funções distintas e separados entre si. O primeiro é o Legislativo, primícia das leis positivas de todas as repúblicas, responsável por promulgar um ordenamento jurídico capaz de salvaguardar os direitos do Estado de Natureza. Em seguida, há o Poder Executivo, incumbido de pôr em prática o que formulado pelo primeiro. Por fim, o Federativo, que zela pela ordem exterior, fazendo alianças com outros Estados, declarando guerras e assinando tratados (CHEVALLIER, 1983, p. 46-47).

Bobbio traduz essa limitação imposta ao Estado Civil, mais especificamente ao Poder Legislativo, da seguinte maneira:

> 1) O primeiro limite é representado pelo fato de que os homens transmitem ao poder civil, essencialmente, a capacidade de conservar e proteger seus bens, e não outros direitos irrenunciáveis, como o direito à liberdade, à vida e aos seus bens - matéria em que o poder civil só pode ter os direitos que lhe forem transmitidos. [...]

> 2) O segundo limite é imposto pela afirmação do princípio da legalidade, que proíbe à autoridade suprema governar com atos extemporâneos e arbitrários, isto é, com *decretos* casuísticos, de acordo com as pessoas e as circunstâncias envolvidas. O poder supremo deve regular a conduta dos cidadãos mediante leis, isto é, com normas genéricas e abstratas que garantam a igualdade de todos os cidadãos diante da lei pelo critério da generalidade, e à certeza do direito, pelo seu caráter abstrato.

> 3) O terceiro limite sanciona solenemente o princípio da *liberdade econômica* que inspira a ideologia de

Locke. O poder supremo nada pode fazer pra privar um cidadão de sua propriedade. [...]

4) Locke, com o quarto limite, afirma o princípio geral de que quem recebeu uma delegação não pode por sua vez delegar a outros o poder de que foi investido (BOBBIO, 1998, p. 226-227, grifo no original).

Assim, observa-se no contratualismo lockeano que o Estado Civil nasce do acordo voluntário da vontade social, sob o pretexto de garantir o devido usufruto dos direitos do Estado de Natureza, e que é limitado justamente para combater o absolutismo estatal, posto que não é possível para o indivíduo renegar sua liberdade individual (STRECK; MORAIS, 2008, p. 36).

Esses pressupostos da teoria contratualista de Locke são os mesmos defendidos pelos protagonistas da Reforma Protestante, e que dada à racionalização do discurso, somada aos fatores históricos e culturais envolvidos, serviu de fundamento para o liberalismo político e a luta contra o absolutismo, conforme passa-se a demonstrar.

3.1.2 O LIBERALISMO POLÍTICO COMO RESPOSTA AO ESTADO ABSOLUTO

Trabalhosa e complexa missão é a de conceituar o Liberalismo político. A história demonstra que melhor seria tratar de "liberalismos", posto que o molde doutrinário inicial sofreu mudanças com o passar dos anos, e sob os diferentes contextos a que foi apresentado. Contudo, certo é o comentário de que em todas as roupagens que utilizou, a característica marcante do Liberalismo resume-se precisamente na ideia de limites. O Estado é limitado, tanto ao se tratar de seus poderes, quanto de suas funções (STRECK; MORAIS, 2008, p. 56).

Três processos históricos influenciaram profundamente a natureza do pensamento liberal. O primeiro, a Reforma protestante, que fragmentou a unidade religiosa da Idade Média e germinou o pluralismo religioso. O segundo fator histórico determinante foi o absolutismo monárquico, onde o poder do Estado era concentrado tão somente nas mãos de uma pessoa, que legislava conforme seus interesses próprios. O terceiro, por fim, foi o desenvolvimento da chamada ciência moderna, iniciado no século XVII, com Copérnico, Kepler, além de Newton e Leibniz (RAWLS, 2000, p. 30-31).

Da Reforma, advieram perseguições políticas e guerras religiosas, essencialmente na Europa do norte e do centro, e suas consequências políticas variam de acordo com as histórias nacionais. Na Inglaterra, há a guerra civil, e na França ocorre o massacre da noite de São Bartolomeu (1572), durante a qual 30.000 hunguenotes, calvinistas franceses, são dizimados. Esses embates acerca da divisão no seio do cristianismo fazem com que, junto de outros pensadores políticos de sua época, Teodoro de Beza (1519-1605), aluno e sucessor de Calvino, escrevesse acerca da moderação do poder régio - um "magistrado", escolhido pelo povo, deveria governar (NAY, 2007, p. 178-181). Celso Lafer leciona que:

> Com efeito, num primeiro momento, [...] os direitos do homem surgem e se afirmam como direitos do individuo face ao poder do soberano no Estado absolutista. Representavam, na doutrina liberal, através do reconhecimento da liberdade religiosa e de opinião dos indivíduos, a emancipação [...] do jugo e do poder político (LAFER, 1988, p. 126).

Esses conflitos armados, pautados nas discussões acerca da intolerância religiosa e liberdades individuais, estenderam-se pela história na Europa até o marco dos anos de 1688 e 1689, quando na Inglaterra ocorre a "Revolução Gloriosa", momento em que o Parlamento impõe à Coroa o "Bill of Rights", com 13 artigos, que estipulava princípios acerca das liberdades individuais, especialmente de ordem religiosa, e autorizava o porte de armas pelos cidadãos protestantes para que pudessem defender seus direitos constitucionais. Maluf afirma que "foi precisamente esse sistema de liberdade defendida pelas armas que recebeu, na época, a denominação de liberalismo" (MALUF, 2006, p.123).

Nay leciona que essa declaração de direitos:

> Lança luzes particularmente decisivas sobre a possibilidade de uma divisão dos poderes. Coloca também as bases de uma concepção dos direitos centrada na ideia de liberdade. Assim se forjam os primeiros argumentos do liberalismo político a partir dos quais se estabelecerá a visão moderna de um Estado fiador dos direitos dos indivíduos (NAY, 2007, p. 194).

Tais princípios foram refletidos, também, na América do Norte, proclamados na Declaração de Virgínia, em 1776, na Constituição Federal de 1787, além de todas as constituições dos Estados que compuseram a federação norte-americana, antigas colônias inglesas. Maluf, nesse mesmo sentido, ao comentar acerca da declaração de independência de 1776, transcreve-a da seguinte forma:

> Cremos axiomáticas as seguintes verdades: que os homens foram criados iguais; que lhes conferiu o Criador certos direitos inalienáveis, entre os quais a vida, o de liberdade, e o de procurarem a própria felicidade; que para a segurança desses direitos se constituíram entre os homens governos, cujos justos poderes emanam do consentimento dos governados; que sempre que qualquer forma de governo tenda a destruir esses fins assiste ao povo o direito de mudá-la ou aboli-la, instituindo um novo governo cujos princípios básicos e organização de poderes obedeçam às normas que lhe pareçam mais próprias a promover a segurança e felicidade gerais (MALUF, 2006, p. 124-125).

As doutrinas liberais crescem e ganham forma mais robusta, também, na França, com a Revolução de 1789. Da revolução surgiram máximas que, pela Assembleia Nacional, foram transcritas em princípios constitucionais, e receberam o nome de "Declaração dos Direitos Humanos". Essas, tratam acerca da legitimidade do Estado estar pautada na vontade e soberania popular, e tratam da liberdade individual como quase absoluta, restringida apenas pelo direito gozado por outros indivíduos (MARCONDES, 2016).

Streck e Morais sintetizam os ideais liberais em três núcleos, a saber, Moral, Político e Econômico. O primeiro afirma os valores e diretos básicos da natureza humana (liberdade, vida e dignidade), estando os indivíduos sob um regime de leis gerais, abstratas e básicas. O segundo, que pode ser denominado também como político-jurídico, mantém os direitos políticos dos indivíduos, relacionados à sua representação, sob quatro aspectos: consentimento individual, representação, constitucionalismo e da soberania popular. Por fim, vê-se no núcleo econômico os pilares da propriedade privada e de um mercado livre do controle estatal (STRECK; MORAIS, 2008, p. 58-60).

Pelo exposto, observa-se que o pensamento liberal tem como objetivo primordial a luta contra o absolutismo das decisões arbitrárias do Estado. Vê-se nele a defesa dos direitos do Estado de Natureza, traduzidos nas lutas em prol da liberdade, vida e propriedade, conforme demonstrara Locke. Tal escola política, ainda, mostra-se a favor do pluralismo, declarando a necessidade da existência de tolerância e respeito entre os indivíduos de uma sociedade. O povo é soberano, sendo a origem do poder estatal, e o governo representativo é fortemente defendido, visando sempre um regime político moderado (NAY, 2007, p. 196-197).

3.2 DO ESTADO DE DIREITO AO ESTADO DEMOCRÁTICO DE DIREITO

O ideário trazido pela Reforma, e por conseguinte respaldado pelo liberalismo, apresentou o paradoxal envolvimento da Igreja com o Estado, de maneira que constantemente eclodiram debates e embates acerca da ampliação ou limitação dos poderes do Estado. Desses debates, uma das respostas apresentadas foi a de um Estado absoluto, respaldado pelo pensador político Thomas Hobbes, e nomeado de Leviatã. Provocando dissensões no corpo político da época, tais debates dão ao pensamento hobbesiano, dentro de seu contexto de "guerra de todos contra todos", a premissa de que o Leviatã é o legítimo juiz supremo e final em tas questões (POCOCK, 2003, p. 412).

O Estado de Direito, também denominado de Estado Moderno, ascende, portanto, como resposta do liberalismo frente ao Estado de Hobbes, e encontra fundamento teórico nas revoluções burguesas apresentadas anteriormente (ROBL FILHO, 2013, p. 32).

É considerado por muitos pensadores da Ciência Política como uma construção político-jurídica moderna, resultante além dos debates acima expostos, da ênfase da ética cristão no valor da pessoa humana, visto que os indivíduos nascem livres e iguais, como detentores de direitos frente ao Estado (DALLARI, 2005, p. 148).

Evelyne Pisier, professora da Universidade de Paris, leciona que:

> A noção de Estado de Direito progride como tema político à medida que as interrogações sobre a natureza da democracia e sobre a caracterização do totalitarismo se multiplica. Embora a emergência do Estado de Direito seja muito complexa e difícil nos fatos, e que ele seja, geralmente, mais invocado que realizado, ele se afirma como uma referência obrigatória: a democracia liberal encontra, assim, um novo registro que se impõe como referência universal (PISIER, 2004, p. 174).

É a proteção dos direitos e garantias fundamentais, pautada nessa afirmação dos direitos naturais da pessoa humana, que fornece, ao Estado de Direito, a noção de limitação do ente estatal (MAGALHÃES FILHO, 2014, p. 145; 211).

Porém, tão somente na Alemanha, em meados do século XIX, que o Estado de Direito emerge como construção própria, sob o conceito de *Rechtstaat*, sendo, então, incorporado ao pensamento político francês, enquadrando e limitando o Estado ao Direito (STRECK; MORAIS, 2008, p. 91).

O Estado de Direito surge, nesse viés, como a melhor maneira de organização jurídica para se combater e resistir à arbitrariedade e absolutismo por parte da autoridade constituída. Há, portanto, subordinação do Estado a um determinado ordenamento jurídico, pautado na busca pela manutenção da paz social, segurança e justiça (SCHLICHTING, 2003, p. 75).

Há o reconhecimento, por parte do Estado, do valor da personalidade, sendo que a autoridade não deve destruir esse postulado, devendo o ente estatal limitar sua própria atividade sempre que se deparar com tal situação. O Estado de Direito não deve, ainda, invadir o campo da consciência individual de seus cidadãos com exigências arbitrárias, tampouco suprimir a iniciativa individual. É sob esse contexto que jus-filósofo Giorgio Del Vecchio leciona ser o Estado órgão supremo do Direito, e este uma declaração da natureza humana (1979, p. 499-501).

Os doutrinadores Streck e Morais comentam que:

> O Estado de Direito surge desde logo como Estado que, nas suas relações com os indivíduos, se submete a um *regime de direito* quando, então, a atividade estatal apenas pode desenvolver-se utilizando um instrumental regulado e autorizado pela orem jurídica, assim como, os indivíduos - cidadãos - têm a seu dispor mecanismos jurídicos aptos a salvaguardar-lhes de uma ação abusiva

do Estado (STRECK; MORAIS, 2004, p. 91-92, grifo no original).

O ideal etimológico do Estado de Direito é bem explorado pelo pensador político e doutor em direito Dimitri Dimoulis (2013, p. 83), quando afirma que o Estado torna-se, além de criador da lei, seu servidor. O governo, então, não é dos homens, mas das leis, conforme demonstra art. 30 da Constituição de Massachusetts de 1780. Um Estado que é posto sob a égide de um ordenamento jurídico garante a fiel aplicação das leis, efetivamente protegendo os cidadãos de quaisquer arbitrariedades tomadas pelo governante. O mesmo autor expõe que um Estado de Direito:

> Deve satisfazer determinados requisitos, tais como o caráter democrático da legislação, a garantia da separação dos poderes e, particularmente, a independência do Poder Judiciário, o controle de constitucionalidade, a previsão de uma série de direitos fundamentais, a inclusão de normas asseguradoras do bem-estar da população etc (DIMOULIS, 2013, p. 86).

Assim, o Estado de Direito é caracterizado pela sua efetiva proteção aos direitos humanos, e estruturado de acordo com o clássico modelo dos poderes independentes e harmônicos, sendo, portanto, obediente ao Direito, servindo-lhe por guardião, e aberto à mudanças da cultura jurídica (NADER, 2013, p. 138).

É desse conceito de Estado de Direito que surgem suas variadas formas, expressas cada uma com determinadas características. Apresenta-se, portanto, no decorrer da história, ora como Liberal, Social ou Democrático (STRECK; MORAIS, 2008, p. 95-97).

3.2.1 ESTADO LIBERAL DE DIREITO

O Estado Liberal de Direito surge com um conceito epistemológico muito parecido ao Estado de Direito. Entretanto, encontra diferenças na ordem econômica, onde há a autorregulação do mercado contra as intervenções estatais (MORAES, 2014).

Maluf comenta que o Estado Liberal de Direito foi:

> Profundamente libertário e igualitário, declarou que todos os indivíduos possuem os mesmos direitos e as mesmas possibilidades, de sorte que ao Estado competia apenas policiar a ordem jurídica. A vida social e econômica deveria desenvolver-se naturalmente, à mercê das iniciativas individuais, de conformidade com as leis do liberalismo econômico, a lei da oferta e procura, a da livre concorrência etc., as quais conduziriam a sociedade, fatalmente, a uma ordem ideal desejada por todos (MALUF, 2006, p. 305).

Juridicamente há a separação entre Estado e Sociedade Civil, mediada através do Direito, que serve como ideal de justiça; a garantia das liberdades individuais através de leis com caráter abstrato e geral; a presença do ideário de que a democracia surge como fruto da soberania da nação; e o reduzido papel do Estado face à liberdade de atuação dos indivíduos. O Direito ascende como a forma jurídica de expressar os ideais da democracia liberal (STRECK; MORAIS, 2008, p. 94).

No Estado Liberal de Direito são identificados os chamados direitos fundamentais de primeira dimensão, reconhecidos principalmente na Revolução Francesa, a saber, a luta pelos ideais de liberdades individuais e igualdade entre os cidadãos. O seu titular é o indivíduo, e são oponíveis ao Estado (HUMENHUK, 2002).

É a partir de meados do século XIX que o Estado Liberal começa a tomar novas formas, perdendo suas características principais. Com o tempo, a autoridade pública avocou para si não somente as funções de manutenção da paz ou da segurança pública, mas também tarefas positivas, prestando serviço ao público, como atuar na socioeconomia da nação, e de garantir direitos de cidadania. Assim, o Estado Liberal toma rumo a Estado Social de Direito (STRECK; MORAIS, 2008, p. 63)

3.2.2 ESTADO SOCIAL DE DIREITO

Trata-se da variante pós-crise do Estado Moderno, com início no século XIX, porém torna-se mais evidente apenas nos ditos da Primeira Guerra Mundial, quando os Estados precisam utilizar-se de todo aparato jurídico para dirigir a economia e alavancar a produção bélica (MORAES, 2014).

Não há mais a caracterização do ordenamento jurídico como abstrato, sendo que tal fato é substituído por um conjunto de normas concretas, que visam atender critérios circunstanciais da sociedade. Há uma maior intervenção do Estado na atividade geral da nação, através de políticas públicas, e os interesses coletivos são preponderantes aos individuais (CENEVIVA, 2003, p. 39).

Neste sentido, Moraes leciona que:

> Pode-se falar em um *Estado Social de Direito* como uma segunda fase do constitucionalismo moderno, que incorpora a primeira e a ela adiciona um componente social. Dentro desse esquema, o cerne da questão é articular os direitos e liberdades individuais com os direitos sociais, de modo a "articular igualdade 'jurídica' (à partida) com igualdade social (à chegada) e segurança jurídica com segurança social (MORAES, 2014).

Com essa preocupação pelos interesses coletivos e sociais, surgem no Estado Social os direitos fundamentais de segunda dimensão, referentes a ordem econômica, direitos sociais e culturais, que visam proteger a dignidade da pessoa humana, pautados na igualdade, e impulsionados pela Revolução Industrial e suas consequências históricas (SILVA JUNIOR, 2010).

3.2.3 ESTADO DEMOCRÁTICO DE DIREITO

O Estado Democrático de Direito surge a partir da necessidade de conjugar o ideal democrático, de participação popular, ao Estado de Direito, não apenas unindo os pressupostos de cada conceito estabelecido previamente, porém criando um conteúdo próprio, que valoriza as conquistas da democracia, as garantias jurídicas e a preocupação social, visando alterar a realidade fática da sociedade (SOARES, 2004, p. 221).

No modelo de Estado Democrático de Direito há a submissão do Estado e do povo à lei. Tal qual no Estado Social de Direito, há aqui uma maior atividade por parte do Estado, seja através de políticas públicas ou na positivação de direitos. Entretanto, a diferença entre os dois modelos resta aparente na soberania popular. No Estado Democrático de Direito a fonte da Lei é a Constituição, que por sua vez é legitimada na vontade do povo, que de maneira direta ou indireta exerce seu poder legislativo (SCHLICHTING, 2003, p. 76).

Apesar de temporário, visto que é intimamente ligado à cultura de uma nação, o conceito de Estado Democrático de Direito pode ser expresso no fato de que uma sociedade política, civilmente organizada, é comandada por cidadãos eleitos, sujeitos a uma Constituição, e constituídos em tal função sob o pressuposto de guarda e zelo dos direitos fundamentais dos indivíduos, e obediência ao ordenamento jurídico (CHAGAS, 2012).

Schlichting expõe alguns elementos que compõe o conceito de Estado Democrático de Direito, a saber:

a) O Estado é criado por uma Constituição;

b) O Estado, com os Três Poderes independentes e harmônicos entre si, cada qual agindo dentro de sua competência que a Constituição lhes confere, devem obediência ao ordenamento jurídico.

c) O ordenamento jurídico, que estabelece direitos e deveres individuais e coletivos, e é elaborado por representantes escolhidos pelo povo através do voto direto, de estar de acordo com o estabelecido na Constituição, se sujeitando a esta;

d) A Constituição é promulgada pelo povo, de forma direta, ou indiretamente através de Assembleia Constituinte eleita, ou escolhida pelo povo, especialmente para tal;

e) O povo pode modificar, de uma ou de outra forma, dispositivos Constitucionais, bem como ampliar, diminuir ou eliminar funções do Estado, através do dispositivo denominado Plebiscito, previsto na própria Constituição;

f) O Estado, o povo e a lei, devem obediência à Constituição, e esta fica à mercê do povo, significando que nesse regime, o povo é o poder soberano, estando acima do ordenamento jurídico (SCHLICHTING, 2003, p. 77)

Desta forma, o Estado Democrático de Direito faz com que o poder seja distribuído de maneira igualitária, racional, prevenindo a violência, onde a sociedade se organiza de maneira autônoma através do domínio das leis. Há, portanto, uma plena concretização formal dos direitos fundamentais, através de uma efetiva participação de seus titulares no processo legislativo, guiando o ordenamento jurídico para uma melhor manutenção da realidade (SOARES, 2004, p. 221-222).

Nesse contexto, Dallari afirma que o ideal supremo de governo repousa no Estado Democrático de Direito, e esse sob os princípios da soberania popular, muito bem exposto acima; da preservação da liberdade, presente no ato de o indivíduo poder dispor livremente de seu corpo e bens, desde que não prejudicando os demais; e na igualdade de direitos, proibindo a discriminação, "sobretudo por motivos econômicos" ou de classes sociais (DALLARI, 2005, p. 151).

Surgem, então, os direitos fundamentais de terceira e quarta dimensão. Os transindividuais (que transcendem os interesses do indivíduo), causam uma preocupação agora com o gênero humano em escala global, buscando desde a preservação do meio ambiente à proteção do consumidor diante do mercado, e marcam a terceira dimensão. Na quarta dimensão destacam-se o direito à democracia direta, informação e pluralismo (LENZA, 2012, p. 860-865)

É no Estado Democrático de Direito que os ideais do liberalismo se interpenetram com a democracia, reduzindo, ao menos de forma aparente, as diferenças causadas por questões econômicas, inclusive, que dificultam a unidade formal do sistema jurídico-legal (STRECK; MORAIS, 2008, p. 100). Assim, o Estado Moderno caracteriza-se como o aglomerado de um povo, delimitado por certo território, que avoca para si, de maneira direta ou indireta, o monopólio da produção do Direito (WEBER, 2006, p. 56).

3.3 A ÉTICA PROTESTANTE E O ESPÍRITO DO ESTADO MODERNO

Com o intuito de efetivamente demonstrar a influência da ética Protestante no Estado Moderno, Democrático e de Direito, convém explicitar, no ordenamento jurídico internacional e nacional, como os princípios do Liberalismo foram e estão positivados.

Para tato, faz-se necessário estabelecer o pressuposto de que a busca pela tolerância religiosa almejada nos séculos XVI a XVIII, precursora dos demais princípios do pensamento liberal, em especial a valorização do indivíduo, como visto no modelo contratualista de John Locke, resultou na concepção moderna de *jusnaturalismo*, denominada de "Direitos Humanos" (LAFER, 1988, p. 37).

3.3.1 PRINCÍPIOS DO LIBERALISMO COMO GARANTIAS FUNDAMENTAIS INTERNACIONAIS

Conforme apresentado anteriormente, a história demonstra que a positivação dos direitos naturais dos indivíduos se deu, inicialmente, na Inglaterra, com o "Bill of Rights", de 1689. Após, na declaração de independência das colônias inglesas na America do Norte, bem como suas Constituições estaduais. Por fim, na Declaração dos Direitos Humanos, após a Revolução Francesa. Entretanto, tais ordenamentos jurídicos visavam responder às questões nacionais, e não tinham como objetivo servir de fundamento para demais Estados soberanos e vizinhos (MALUF, 2006, p. 124-128).

É somente no período pós Segunda Guerra Mundial que os Direitos Humanos tornam-se preocupação a nível internacional, e emergem como respostas às atrocidades cometidas durante o período bélico, primariamente pelo Nazismo. Tem caráter especialmente preventivo, visando defender o homem de quaisquer outras desumanidades que a espécie humana poderia idealizar (PAGNAN; BUHRING, 2015).

Flávia Piovesan afirma que como consequência desse esforço de reconstruir o valor da dignidade humana e da liberdade individual:

> [...] Há, de um lado, a emergência do Direito Internacional dos Direitos Humanos, e, de outro, a emer-

gência da nova feição do Direito Constitucional ociden-
tal, aberto a princípios e a valores, com ênfase no valor da
dignidade humana.

Vale dizer, no âmbito do Direito Internacional,co-
meça a ser delineado o sistema normativo internacional
de proteção dos direitos humanos. É como se se proje-
tasse a vertente de um constitucionalismo global, **voca-
cionado a proteger direitos fundamentais e a limitar
o poder do Estado, mediante a criação de um aparato
internacional de proteção de direitos** (PIOVESAN,
2006, p. 10-11, grifo nosso).

Assim, ao que exposto pela autora, há a presença de um dos fundamentos do Liberalismo político, a saber, a limitação do Estado frente
os indivíduos e sua liberdade e autonomia, mediante a criação de apara-
tos que servem para a aludida função.

É em 10 de dezembro de 1948 que emerge, então, após aprova-
ção da Assembleia Geral das Nações Unidas, a Declaração Universal dos
Direitos do Homem, onde há a afirmação das características de universalidade e indivisibilidade dos direitos humanos. Universais, pois abran-
gem a todos os indivíduos, independente de seus Estados de origem.
Indivisíveis, posto que a garantia dos direitos civis e políticos é pressuposto condicional para a observância dos direitos econômicos, culturais
e sociais (GORCZEVSKI; DIAS, 2012).

Composta por 30 artigos, a referida declaração (1948, p. 01),
logo em seu preâmbulo, afirma que seus artigos tem gênese sob algumas considerações, como a necessidade de os homens viverem em plena
igualdade, liberdade (de palavra, de crença), em paz, protegidos pelo império da Lei, inclusive contra a tirania e arbitrário absolutismo por parte
dos governantes. Vê-se, também, que à manutenção da liberdade é dada
a devida importância, conforme expõe seus artigos iniciais:

Artigo I

Todos os homens nascem **livres e iguais em dignidade e direitos**. São dotados de razão e consciência e devem agir em relação uns aos outros com espírito de fraternidade.

Artigo II

1) Todo o homem tem capacidade para gozar os direitos e as **liberdades estabelecidos nesta Declaração** sem distinção de qualquer espécie, seja de raça, cor, sexo, língua, religião, opinião política ou de outra natureza, origem nacional ou social, riqueza, nascimento, ou qualquer outra condição (ASSEMBLEIA GERAL DAS NAÇÕES UNIDAS, 1948, p. 01-02, grifo nosso).

Piovesan demonstra que os princípios do Liberalismo foram ratificados e positivados, ainda, em diversas outras convenções e tratados internacionais, tais como o Pacto Internacional dos Direitos Econômicos, Sociais e Culturais (1966), Convenção sobre a Eliminação de todas as formas de Discriminação Racial (1965), Convenção sobre a Eliminação de todas as formas de Discriminação contra a Mulher (1979) e Convenção sobre os Direitos das Crianças (1989). Ainda, a referida autora menciona o Pacto de São José da Costa Rica (Convenção Americana de Direitos Humanos), do ano de 1969, e ratificado pelo Brasil apenas em 1992. Esse merece maior análise, posto que ao subscrevê-lo o Brasil assumiu o compromisso de não mais optar pela prisão civil do depositário infiel (PIOVESAN, 2008, p. 367-370).

As consequências da subscrição brasileira ao Pacto de São José da Costa Rica podem ser observadas, por exemplo, no julgamento do Recurso Extraordinário nº 349.703, onde há o conflito entre a manutenção da liberdade e a função da propriedade. Ao subscrever o Pacto, o Estado brasileiro opta pela preservação da liberdade do devedor, conforme observa-se:

PRISÃO CIVIL DO DEPOSITÁRIO INFIEL EM FACE DOS TRATADOS INTERNACIONAIS DE DIREITOS HUMANOS. INTERPRETAÇÃO DA PARTE FINAL DO INCISO LXVII DO ART. 5O DA CONSTITUIÇÃO BRASILEIRA DE 1988. POSIÇÃO HIERÁRQUICO-NORMATIVA DOS TRATADOS INTERNACIONAIS DE DIREITOS HUMANOS NO ORDENAMENTO JURÍDICO BRASILEIRO. Desde a adesão do Brasil, sem qualquer reserva, ao Pacto Internacional dos Direitos Civis e Políticos (art. 11) e à Convenção Americana sobre Direitos Humanos - Pacto de San José da Costa Rica (art. 7º, 7), ambos no ano de 1992, **não há mais base legal para prisão civil do depositário infiel, pois o caráter especial desses diplomas internacionais sobre direitos humanos lhes reserva lugar específico no ordenamento jurídico**, estando abaixo da Constituição, porém acima da legislação interna. O status normativo supralegal dos tratados internacionais de direitos humanos subscritos pelo Brasil torna inaplicável a legislação infraconstitucional com ele conflitante, seja ela anterior ou posterior ao ato de adesão. Assim ocorreu com o art. 1.287 do Código Civil de 1916 e com o Decreto-Lei nº 911/69, assim como em relação ao art. 652 do Novo Código Civil (Lei nº 10.406/2002) [...] (BRASIL, 2008, grifo nosso).

Acerca da Convenção, ainda, deve-se comentar que, no universo de direitos, ela implementa a defesa pela liberdade, quando reafirma a proteção da liberdade de consciência e religião, de pensamento e expressão, de associação, e de movimento e residência (PIOVESAN, 2006, p. 88).

Resta demonstrado, portanto, que a defesa pelas liberdades individuais, tão amplamente defendidas nos séculos XVI, através da Reforma Protestante, e nos seguintes, sob a forma de um discurso racional introduzido pelo Liberalismo, ganha espaço e voz nos debates internacionais acerca da valorização e defesa dos Direitos Humanos.

3.3.2 O ORDENAMENTO JURÍDICO BRASILEIRO E OS PRINCÍPIOS DO LIBERALISMO

No mesmo sentido dos textos normativos internacionais, o Estado brasileiro, através de sua Constituição e normas infraconstitucionais, promove a defesa das liberdades individuais, da vida e da propriedade, conforme será demonstrado nesta seção.

A Carta Constitucional de 1988, conhecida também como "Constituição Cidadã", é promulgada logo após um intenso período de perseguição militar e censura às liberdades, o que configura grave ameaça ao ideal de dignidade da pessoa humana, à exemplo do Estado absoluto rechaçado por Locke. Nesse sentido, entende-se lógico o fato de que o Poder Constituinte deliberasse logo no início do texto constitucional um rol de direitos e garantias fundamentais a ser resguardado. É o que leciona Paulo Gustavo Gonet Branco, quando afirma que:

> O catálogo dos direitos fundamentais na Constituição consagra liberdades variadas e procura garanti-las por meio de diversas normas. Liberdade e igualdade formam dois elementos essenciais do conceito de *dignidade da pessoa humana*, que o constituinte erigiu à condição de fundamento do Estado Democrático de Direito e vértice do sistema dos direitos fundamentais (BRANCO, 2014, p. 263, grifo no original).

Esse rol de direitos que assegura as liberdades individuais é encontrado essencialmente no artigo 5º da Constituição da República Federativa do Brasil. Entretanto, o próprio preâmbulo do texto legal estipula que o Estado brasileiro é destinado a garantir o pleno exercício dos direitos sociais e individuais, tendo a liberdade, o bem-estar e a igualdade, além de outros princípios, como valores supremos de uma sociedade plural e sem preconceitos (BRASIL, 1988).

Acerca do preâmbulo do texto constitucional, que roga a proteção de Deus para com o ato constituinte, convém mencionar que mesmo não tendo força normativa como os demais artigos, nele estão expressos os ideais sociais do povo brasileiro, bem como a posição ideológica do constituinte, servindo também como referência para elaboração, interpretação e integração dos demais textos legais. No preâmbulo da Constituição estão as marcas de um ideal Liberal de sociedade (CHIMENTI et al.,2005, p. 32).

As liberdades individuais podem ser divididas, no ordenamento jurídico constitucional brasileiro, em cinco grandes grupos: liberdade da pessoa física, referente à locomoção e circulação; liberdade de pensamento, termo que abarca a opinião, religião, informação, artística e transmissão do conhecimento; liberdade de expressão coletiva, como de reunião ou associação; liberdade de ação profissional, onde o cidadão pode livremente escolher em que área deseja exercer atividades laborais; e liberdade de conteúdo econômico e social (CARVALHO, 2013).

Acerca delas, Branco afirma que sua prestação é essencial para que um Estado possa ser caracterizado como Democrático e de Direito. Conforme leciona:

> As liberdades são proclamadas partindo-se da perspectiva da pessoa humana como ser em busca da autorrealização, responsável pela escolha dos meios aptos para realizar as suas potencialidades. O Estado democrático se justifica como meio para que essas liberdades sejam guarnecidas e estimuladas - inclusive por meio de medidas que assegurem maior igualdade entre todos, prevenindo que as liberdades se tornem meramente formais. O Estado democrático se justifica, também, como instância de solução de conflitos entre pretensões colidentes resultantes dessas liberdades (BRANCO, 2014, p. 263).

A valorização dada pelo Estado brasileiro à liberdade individual, tanto física quanto de consciência, pode ser demonstrada, ainda, em outros dois exemplos, presentes em normas infraconstitucionais. O primeiro encontra-se na utilização de hipóteses de substituição da pena restritiva de liberdade, prevista como sanção para determinados crimes expostos no Código Penal e leis espaças, para penas restritivas de direitos, conforme expõe o artigo 44 do referido código (PEREIRA, 2017).

O segundo, na Resolução nº 125 de 29 de novembro de 2010, do Conselho Nacional de Justiça, que, ao criar objetivos estratégicos dentro do Poder Judiciário, estimula a conciliação entre as partes conflitantes em um processo judicial, respeitando sua autonomia de vontade e liberdade de consciência. Salienta-se que tal resolução, além de primar pela liberdade de consciência, também promove o zelo estatal para com os princípios expostos no preâmbulo do texto constitucional, como a busca por uma sociedade fraternal e igualitária (LEVY et al., 2011).

3.3.2.1 O ESTADO LAICO FRENTE À LIBERDADE DE CONSCIÊNCIA RELIGIOSA

O discurso acerca da tolerância religiosa, que eclodiu durante os séculos XVI e seguintes, e que inspirou pensadores como Locke a escreverem cartas sobre tolerância e tratados que tangem as liberdades individuais, toma voga no Estado Moderno.

No Brasil, o ordenamento jurídico constitucional veda, em seu artigo 19, a formação de um Estado confessional ou teocrático. À União, aos seus Estados, Distrito Federal e Municípios, resta a configuração de uma entidade jurídica laica (PINHO, 2010, p. 119).

Para conceituar o Estado laico, convém citar as palavras de Gustavo Biscaia de Lacerda:

> A ideia básica da laicidade é bastante simples: *grosso modo*, ela consiste em que o Estado não professa nem favorece (nem pode professar ou favorecer) nenhuma re-

ligião; dessa forma, ela contrapõe-se ao Estado confessional – em que se inclui o assim chamado "Estado ateu", considerando que este assume uma posição caracteristicamente religiosa, mesmo que seja em um sentido negativo. Dessa forma, seguindo a laicidade, o Estado não possui doutrina oficial, tendo como consequências adicionais que os cidadãos não precisam filiar-se a igrejas ou associações para terem o *status* de cidadãos e inexiste o crime de heresia (ou seja, de doutrinas e/ ou interpretações discordantes e/ou contrárias à doutrina e à interpretação oficial) (LACERDA, 2014, grifo no original).

Piovesan afirma que essa separação entre Estado e religião deve ser feita justamente para garantir a plena execução dos direitos de liberdade de todos cidadãos de uma nação, independente se professam determinada fé, ou se nenhuma. É em um Estado laico, afirma a autora, que há uma sociedade aberta, livre, plural e diversa (PIOVESAN, 2006, p. 20).

Entretanto, o conflito entre laicidade estatal e liberdade de crença é acentuado quando há, por parte do Estado, a tomada de decisões contra essa premissa religiosa, tratando a fé com certa inimizade (BRANCO, 2014, p. 318). O Estado não entende o sentimento religioso dos indivíduos como capaz de manifestar-se de maneira racional nos debates democráticos acerca da positivação de direitos ou na luta por garantias fundamentais, e relega o credo à área da consciência privada. Magalhães Filho (2014, p. 127), nesse sentido, leciona que "a religião se torna um movimento social que, ao lado de outros, luta por direitos sociais setoriais, não sendo considerada competente para a elaboração de um projeto coletivo, tendo em vista o modo pluralista de ser da sociedade".

O conflito toma rumos para ser resolvido, entretanto, quando há o reconhecimento, por parte do Estado, de que a ética religiosa, ao ser traduzida em princípios que se utilizam da razão humana, mesmo que pautados no *jusnaturlismo* moderno e na necessidade de se afirmar a existência de um Direito Natural, faz parte da cultura da sociedade e serve como força motriz para fomentar discussões produtivas à nação (BRANCO, 2014, p. 316-320).

No Brasil, vê-se que essa separação entre Estado e religião não é expressa de maneira absoluta, posto que é reconhecido o casamento religioso com efeitos civis, onde o sacerdote da denominação envolvida assume a toga laica do juiz (artigo 226, §2º da Constituição da República Federativa do Brasil), e há o ensino religioso facultativo nas escolas públicas, conforme expõe o artigo 210, §1º, do mesmo texto constitucional (CENEVIVA, 2003, p. 60).

No que tange ao ensino religioso no Brasil, certo é afirmar que sua aplicabilidade facultativa em escolas públicas não fere o princípio da laicidade estatal, conforme demonstra manifestação da Procuradora-Geral da República, Deborah Macedo Duprat de Britto Pereria, no dia 30 de julho de 2010, nos autos da Ação Direta de Inconstitucionalidade nº 4439, que, apesar de extensa, detém valiosas lições acerca dos temas apresentados acima, *in verbis*:

> [...] Assim, a laicidade estatal não pode ser confundida com o laicismo, que envolve uma certa animosidade contra a expressão pública da religiosidade por indivíduos e grupos, e que busca valer-se do Direito para diminuir a importância da religião na esfera social. O laicismo, diferentemente da laicidade, não envolve neutralidade, mas hostilidade diante da religião, e tende a resvalar para posições autoritárias, de restrição a liberdades religiosas individuais. Por isso, seria constitucionalmente inadmissível a aplicação no Brasil de medidas laicistas, incorretamente adotadas em nome da laicidade, por países como a França e a Turquia, que restringiram certas manifestações religiosa dos seus cidadãos em espaços públicos, com destaque para proibição do véu islâmico por jovens mulçumanas em escolas públicas. [...].

> [...] O princípio do Estado laico pode ser diretamente relacionado a dois direitos fundamentais que gozam de máxima importância na escala dos valores constitucionais: liberdade de religião e igualdade. Em relação ao primeiro, a laicidade caracteriza-se como uma verdadeira garantia institucional da liberdade religiosa individual. Isto porque, a promiscuidade entre os poderes públicos e qualquer credo religioso, ao sinalizar o endosso estatal de doutrinas de fé, pode representar uma coerção, ainda que de caráter indireto e psicológico, sobre os que não professam aquela religião [...].

> [...] A correta compreensão do princípio da laicidade no sistema educacional brasileiro, por sua vez, impõe que se considere o fato de que o próprio constituinte foi expresso ao admitir 'a colaboração de interesse público' entre instituições religiosas e os poderes públicos (art. 19, I, CF) [...] (BRASIL, 2017).

Assim, diante de tudo que exposto, nota-se que há tão somente conflito entre a laicidade do Estado e a liberdade de consciência religiosa quando, por parte do primeiro, subsiste certo descaso em relação aos princípios da fé dos indivíduos que integram a nação, ou quando toma partido em prol de determinado credo e torna-se confessional.

CONCLUSÃO

Fruto dos debates acerca do envolvimento do Estado e religião, e da comemoração do aniversário de 500 anos da Reforma Protestante, o presente livro nasce com o intuito de demonstrar que há possibilidade de conjugar o ideário religioso com a laicidade Estatal, sem prejuízo dos indivíduos que compõe a nação plural que é o Brasil. Tal resposta é facilmente vislumbrada quando, ao se observar a Constituição de 1988, encontra-se um texto normativo que se submete à característica da laicidade, porém na mesma medida que roga a proteção de Deus para o ato constituinte. Para tanto, buscou-se na Reforma Protestante a resposta para a indagação apresentada na introdução da presente obra.

No primeiro capítulo demonstrou-se como ocorreu a gênese do Estado. O estudo teve início nos modelos teocráticos, que marcaram o período pré-histórico, especificamente o Estado de Israel, onde houve a marcante presença do pensamento religioso com o poder estatal, fazendo com que o ordenamento jurídico da época tratasse tanto do culto a Deus, quanto de questões morais e civis. Observa-se, então, a Antiguidade Clássica, representada pela *pólis* grega e a *civitas* romana. Conclui-se o capítulo abordando o período do Estado Medieval, +onde há nítida confusão entre Estado e Igreja, e que precede o período histórico da Reforma Protestante. Em todas essas eras foi possível notar a forte influência da religião na construção do Estado - em Israel, com o Decálogo; o panteão grego introduzindo os ideais de moral, ética e justiça; as famílias e a *cúria* romanas pautadas sob o culto ao mesmo deus; e o ideário de um Cristianismo primitivo unindo-se ao Império Romano, para então corromper-se por conta do poder.

É precisamente por conta dessa corrupção que emerge, no século XVI, o movimento da Reforma Protestante, conforme aponta o segundo capítulo. Demonstrou-se que o movimento religioso alcançou também a esfera civil, através de seus protagonistas e das consequências políticas causadas no seio da cristandade. Pautado nos pensamentos de Lutero e Calvino, o presente trabalho comprovou que era uma preocupação latente dos reformadores a questão da liberdade individual perante a Igreja, sociedade e Estado. A Reforma então declara o indivíduo como detentor de direitos e liberdades, principalmente ao prever limitações na área de atuação da figura pública do governante, como também garantindo ao indivíduo o acesso aos seus direitos e conhecimento de forma geral.

É no terceiro capítulo que encontra-se a resposta para a problemática delineada. Ao utilizar dos princípios da Reforma, também chamados de ética protestante, bem como das consequências bélicas por ela advindas, o Liberalismo político transforma o discurso religioso, mediante o uso valorizado da razão humana, em postulados e princípios políticos que garantem ao indivíduo o livre gozo de seus direitos fundamentais, expostos nos escritos de John Locke e demais pensadores liberais. Vê-se a luta contra o absolutismo estatal, e como tais pensamentos influenciaram o Estado Moderno ao submetê-lo ao Direito, que por sua vez é fruto da vontade popular.

Assim, pode-se concluir que a Reforma Protestante influenciou a gênese do Estado Democrático de Direito ao apresentar o ideário, e promover o contexto político ideal para que seus princípios de defesa das liberdades e da valorização do indivíduo ganhassem forma sob o pretexto do Liberalismo político, sendo conformados de maneira positivada em garantias e direitos fundamentais de qualquer ser humano, defendidos nacional e internacionalmente.

Na prática, a ética protestante continua uma condicionante e um princípio reformador da teoria política. Um dos principais legados aqui tratados é valorização do indivíduo e a liberdade de expressão que mediante o direito de resistência, e de garantias fundamentais, expressas no ordenamento jurídico internacional e nacional, conquista a capacidade de reivindicar o reconhecimento de seus direitos até a morte.

REFERÊNCIAS

ACQUAVIVA, Marcus Cláudio. **Teoria geral do Estado.** 3. ed. Barueri: Editora Manole, 2010.

ASSEMBLEIA GERAL DAS NAÇÕES UNIDAS EM PARIS. **Declaração Universal dos Direitos Humanos, de 10 de dezembro de 1948.** Disponível em: <https://goo.gl/Uo3o1k> . Acesso em: 03 nov. 2017.

BARBOSA, Luciane Muniz Ribeiro. **As concepções educacionais de Martinho Lutero.** 2007. Disponível em: <https://goo.gl/Qne2ND>. Acesso em: 23 out. 2017.

______, Luciane Muniz Ribeiro. **Estado e educação em Martinho Lutero:** reflexões sobre a origem do direito à educação. 2011. Disponível em: <https://goo.gl/Ax3DiV>. Acesso em: 23 out. 2017.

BITTAR, Eduardo C. B. **Doutrinas e Filosofias Políticas:** Contribuições para a história da ciência política. São Paulo: Atlas, 2002. 271 p.

BOBBIO, Norberto. **Elogio da serenidade:** e outros escritos morais. São Paulo: Unesp, 2000.

______, Norberto. **Estado, Governo, Sociedade:** Para uma teoria geral da política. 11. ed. São Paulo: Paz e Terra, 2004. 171 p.

______, Norberto. **Locke e o direito natural.** 2. ed. Brasília: Editora da Universidade de Brasília, 1998. 256 p.

BRAKEMEIER, Ruthild. **500 Anos de Reforma Protestante e as mulheres.** 2014. Disponível em: <https://goo.gl/fnJpgB>. Acesso em: 23 out. 2017.

BRANCO, Paulo Gustavo Gonet. Direitos fundamentais em espécie: Liberdades. In: MENDES, Gilmar Ferreira; BRANCO, Paulo Gustavo Gonet. **Curso de Direito Constitucional.** 9. ed. São Paulo: Saraiva, 2014. Cap. 4. p. 255-320.

BRASIL. Constituição (1988). **Constituição da República Federativa do Brasil.** Brasília, Disponível em: <https://goo.gl/en2ipM>. Acesso em: 03 nov. 2017.

______. Supremo Tribunal Federal. Ação Direta de Inconstitucionalidade 4439. Relator: Ministro Roberto Barroso. Brasília, DF, 02 de outubro de 2017. Disponível em: <https://goo.gl/aykbtd>. Acesso em: 03 nov. 2017.

______. Supremo Tribunal Federal. Recurso Extraordinário 349.703-1 RS. Relator: Ministro Carlos Britto. Brasília, DF, 03 de dezembro de 2008. Disponível em: <https://goo.gl/wymg4p>. Acesso em: 03 nov. 2017.

CALVINO, João. **As institutas ou tratado da religião cristã.** São Paulo: Casa Editora Presbiteriana, 1985. 1 v. 333 p. Tradução de: Waldyr Carvalho Luz.

______, João. Sobre o governo civil. In: HÖPFL, Harro (Org.). **Sobre autoridade secular.** 2. ed. São Paulo: Martins Fontes, 2005. cap. 3, p. 71-134.

CARVALHO, Rayanna Silva. **Liberdades constitucionais: breves anotações.** 2013. Disponível em: <https://goo.gl/NGWKH4>. Acesso em: 03 nov. 2017.

CENEVIVA, Walter. **Direito constitucional brasileiro.** 3. ed. São Paulo: Saraiva, 2003. 477 p.

CÉSAR, Elben (Org.). **Reforma:** a vitória da Graça. Viçosa: Ultimato, 2013. Acesso restrito a kindle ebook.

CHAGAS, Priscila Mendonça. **O conceito de Estado Democrático de Direito.** 2012. 58 f. Monografia (Especialização) - Curso de Pós-graduação Lato Sensu em Direito Constitucional, Instituto Brasiliense de Direito Público, Brasília, 2012. Disponível em: <https://goo.gl/4pBxZT>. Acesso em: 01 nov. 2017.

CHEVALLIER, Jean-jacques. **História do pensamento político:** o declínio do Estado-Nação monárquico. Rio de Janeiro: Guanabara Koogan, 1983. 288 p.

CHIMENTI, Ricardo Cunha et al. **Curso de Direito Constitucional.** 2. ed. São Paulo: Saraiva, 2005. 582 p.

COELHO, Agnaldo. **O jusnaturalismo na teologia de João Calvino.** Brasília: Centro Editorial, 2016. 128 p.

COULANGES, Fustel de. **A Cidade Antiga.** São Paulo: Rideel, 2005. 303 p.

CUNHA, Alexandre Sanches. **Teoria geral do Estado.** São Paulo: Saraiva, 2013. Disponível em: < https://goo.gl/7cGhp3>. Acesso em: 04 out. 2017. Acesso restrito via Minha Unisul.

DALLARI, Dalmo de Abreu. **Elementos de teoria geral do Estado.** 25. ed. São Paulo: Editora Saraiva, 2005. 310 p.

DIAS, Reinaldo. **Ciência política.** 2. ed. São Paulo: Editora Atlas, 2013. Disponível em: < https://goo.gl/Uz7V8P>. Acesso em: 04 out. 2017. Acesso restrito via Minha Unisul.

DIMOULIS, Dimitri. **Manual de introdução ao estudo do Direito.** 5. ed. São Paulo: Editora Revista dos Tribunais, 2013. 283 p.

FERREIRA, Franklin. **A Igreja cristã na história:** das origens aos dias atuais. São

Paulo: Vida Nova, 2013. Acesso restrito a kindle ebook.

______, Franklin. **Contra a idolatria do Estado:** o papel do cristão na política. São Paulo: Vida Nova, 2016. 288 p.

FERREIRA, Wilson Castro. **Calvino:** Vida, influência e teologia. São Paulo: Luz Para O Caminho, 1985. 423 p.

FILOMENO, José Geraldo Brito. **Manual de teoria geral do Estado e ciência política.** 4. ed. Rio de Janeiro: Forense Universitária, 2001.

GAEDE, Valdemar. **Lutero e política.** 2007. Disponível em: <https://goo.gl/8zHHqU>. Acesso em: 22 out. 2017.

GARDNER, E. C. **Fé bíblica e ética social.** São Paulo: Aste, 1965. 446 p.

GEORGE, Timothy. **Teologia dos Reformadores.** São Paulo: Sociedade Religiosa Edições Vida Nova, 1994. Disponível em: <https://goo.gl/dnjcN9>. Acesso em: 20 out. 2017.

GONÇALVES, Cláudio César. **O uso social da riqueza em João Calvino.** 2006. 175 f. Dissertação (Mestrado em Religião) - Universidade Presbiteriana Mackenzie, São Paulo, 2006.

GONÇALVES, Marcelo Aleixo; VIEIRA, Edrei Daniel. **Métodos de exegese e hermenêutica bíblica.** 22. ed. Maringá: Unicesumar, 2014. 258 p.

GONZALEZ, Justo L. **Calvinismo, As Institutas e a Reforma Protestante.** 2004. Disponível em: <https://goo.gl/eYbGAV>. Acesso em: 16 out. 2017.

GORCZEVSKI, Clóvis; DIAS, Felipe da Veiga. **A imprescindível contribuição dos tratados e cortes internacionais para os direitos humanos e fundamentais.** 2012. Disponível em: <https://goo.gl/WjDyV4>. Acesso em: 03 nov. 2017.

HODGE, Charles. **Systematic theology.** 4. ed. Louisville: Glh Publishing, 2015. Acesso restrito a kindle ebook.

HÖPFL, Harro (Org.). **Sobre autoridade secular.** 2. ed. São Paulo: Martins Fontes, 2005.

HUMENHUK, Hewerstton. **A teoria dos direitos fundamentais.** 2002. Disponível em: <https://goo.gl/EBccJk>. Acesso em: 02 nov. 2017.

LACERDA, Gustavo Biscaia de. Sobre as relações entre Igreja e Estado: Conceituando a laicidade. In: CONSELHO NACIONAL DO MINISTÉRIO PÚBLICO. **Em defesa do Estado laico.** Brasília: Cnmp, 2014. p. 177-204. Disponível em: <https://goo.gl/vJVbG3>. Acesso em: 04 nov. 2017.

LAFER, Celso. **A reconstrução dos direitos humanos:** Um diálogo com o pensamento de Hannah Arendt. São Paulo: Companhia das Letras, 1988. 406 p.

LAGO, Davi Pereira do. **A influência do calvinismo na formação da democracia norte-americana.** 2013. 98 f. Dissertação (Mestrado) - Curso de Direito, Pontifícia Universidade Católica de Minas Gerais, Belo Horizonte, 2013.

LENZA, Pedro. **Direito constitucional esquematizado.** 16. ed. São Paulo: Saraiva, 2012.

LEVY, Fernanda et al. **Resolução n. 125 do Conselho Nacional de Justiça:** Leitura comentada. 2011. Disponível em: <https://goo.gl/LH3UuA>. Acesso em: 03 nov. 2017.

LOPES, Augustus Nicodemus. **A Bíblia e seus intérpretes:** uma breve história da interpretação. 3. ed. São Paulo: Cultura Cristã, 2013. 287 p.

LUTERO, Martinho. **Conversas à mesa de Lutero.** Brasília: Editora Monergismo, 2017. 479 p.

LUTERO, Martinho. Sobre a autoridade secular: até que ponto se estende a Obediência devida a ela?. In: HÖPFL, Harro (Org.). **Sobre autoridade secular.** 2. ed. São Paulo: Martins Fontes, 2005. cap. 2, p. 03-70.

MAGALHÃES FILHO, Glauco Barreira. **A Reforma Protestante e o Estado de Direito.** 18. ed. São Paulo: Fonte Editorial, 2014. 315 p.

MAIA, Hermisten. **Fundamentos da teologia reformada.** São Paulo: Mundo Cristão, 2007. 220 p.

MAJEWSKI, Rodrigo Gonçalves. **Da resistência à autoridade secular em Lutero, Calvino e nas Assembleias de Deus no Brasil.** 2014. Disponível em: < https://goo.gl/mnJHHj>. Acesso em: 23 out. 2017.

MALUF, Sahid. **Teoria Geral do Estado.** 26. ed. São Paulo: Saraiva, 2006. 389 p.

______, Sahid. **Teoria Geral do Estado.** 33. ed. São Paulo: Saraiva, 2017. 423 p. Disponível em: < https://goo.gl/uB8zjJ>. Acesso em: 04 out. 2017. Acesso restrito via Minha Unisul.

MARCONDES, Danilo. **A filosofia política do liberalismo e a tradição iluminista:** Uma iniciação à filosofia. Rio de Janeiro: Expresso Zahar, 2016. 28 p. Acesso restrito a kindle e-book.

MARTINS, Valdecélia. **A feminilidade bíblica e a esposa de Lutero.** Fé Reformada, 2017. Acesso restrito a kindle e-book.

MATOS, Alderi Souza de. **Calvinismo e Política.** 2004. Disponível em: <https://goo.gl/oua8pM>. Acesso em: 25 out. 2017.

MELANCHTHON, Felipe. **Confissão de Fé de Augsburgo.** 1530. Disponibilizada em meio eletrônico por Antonio Carlos Behrens e Osmar Schneider. Disponível em: <https://goo.gl/4U1kYk>. Acesso em: 18 out. 2017.

MELO, Adoniran. **A eclesiologia de Lutero.** 2010. Disponível em: <https://goo.gl/Eipnwd>. Acesso em: 20 out. 2017.

MORAES, Ricardo Quartim de. **A evolução histórica do Estado Liberal ao Estado Democrático de Direito e sua relação com o constitucionalismo dirigente.** 2014. Disponível em: <https://goo.gl/4D28Ah>. Acesso em: 02 nov. 2017.

MORRALL, John B. **Aristóteles.** Brasília: Editora da Universidade de Brasília, 2000. 132 p. Tradução de Sérgio Duarte.

MOSCA, Gaetano; BOUTHOUL, Gaston. **História das doutrinas políticas desde a antiguidade.** 7. ed. Rio de Janeiro: Editora Guanabara, 1987. 416 p.

NADER, Paulo. **Introdução ao estudo do direito.** 35. ed. Rio de Janeiro: Forense, 2013. 422 p.

NASCIMENTO FILHO, Antonio José do. **O laicato na teologia e o ensino dos reformadores.** 1999. Disponível em: <https://goo.gl/18XU8L>. Acesso em: 20 out. 2017.

NAY, Olivier. **História das ideias políticas.** Petrópolis: Editora Vozes, 2007. 576 p.

NETTO, Adyr Garcia Ferreira. **Do estado de natureza ao governo civil em John Locke.** 2007. Disponível em: <https://goo.gl/UiSxpW>. Acesso em: 01 nov. 2017.

PADILHA, René. **O dia da Reforma e o sacerdócio de todos os crentes.** 2012. Disponível em: <https://goo.gl/82sXDo>. Acesso em: 21 out. 2017.

PAGNAN, Gabriela; BÜHRING, Márcia Andrea. **A hierarquia dos tratados internacionais de Direitos Humanos no ordenamento jurídico brasileiro.** 2015. Disponível em: <https://goo.gl/wJRQNa>. Acesso em: 03 nov. 2017.

PAUL, Ron. **Definindo a liberdade:** 50 questões fundamentais que afetam a nossa liberdade. São Paulo: Instituto Ludwig von Mises Brasil, 2013. 280 p.

PEREIRA, Geraldo Lopes. **Possibilidade de substituição da pena privativa de liberdade por restritiva de direitos no tráfico.** Disponível em: <https://goo.gl/6xE7sC>. Acesso em: 03 nov. 2017.

PEREIRA, Renato de Oliveira. **Da relação entre a autoridade espiritual e a autoridade secular no pensamento de Lutero.** 2015. Disponível em: < https://goo.gl/QePbCp >. Acesso em: 22 out. 2017.

PINHO, Rodrigo César Rebello. **Teoria geral da Constituição e Direitos fundamentais.** 10. ed. São Paulo: Saraiva, 2010. 245 p.

PIOVESAN, Flávia. **Direitos humanos e Justiça internacional.** São Paulo: Saraiva, 2006. 272 p.

______, Flávia. **Direitos Humanos e o Direito constitucional internacional.** 9. ed. São Paulo: Saraiva, 2008. 552 p.

PISIER, Evelyne. **História das ideias políticas.** Barueri: Manole, 2004. 660 p.

POCOCK, John G. A. **Linguagens do ideário político.** São Paulo: Editora da Universidade de São Paulo, 2003.

PORTE JUNIOR, Wilson. **A Bíblia.** Campina Grande: Visão Cristã, 2016. 100 p.

RAMIRO, Marcelo. **A Reforma Protestante e sua contribuição para a educação moderna.** 2012. Disponível em: <https://goo.gl/GZJQUw>. Acesso em: 23 out. 2017.

ROBL FILHO, Ilton Norberto. **Conselho Nacional de Justiça:** Estado democrático de direito e accountability. São Paulo: Saraiva, 2013.

RYKEN, Leland. **Santos no mundo:** Os Puritanos como realmente eram. 2. ed. São José dos Campos: Editora Fiel, 2013. 377 p.

SCALQUETTE, Rodrigo Arnoni. **História do direito:** perspectivas histórico--constitucionais da relação entre Estado e religião. São Paulo: Atlas, 2013. Disponível em: <https://goo.gl/qGGD1Q>. Acesso em: 04 out. 2017. Acesso restrito via Minha Unisul.

SCHLICHTING, Arno Melo. **O estudo, a ciência e a teoria geral do Direito:** Introdução: uma abordagem ético-moral/lógico-filosófica. Florianópolis: Momento Atual, 2003. 276 p.

SILVA JUNIOR, Nilson Nunes da. **Segunda dimensão dos direitos fundamentais.** 2010. Disponível em: <https://goo.gl/6rWnb4>. Acesso em: 02 nov. 2017.

SOARES, Mário Lúcio Quintão. **Teoria do Estado:** Introdução. 2. ed. Belo Horizonte: Del Rey, 2004. 404 p.

STRECK, Lenio Luiz; MORAIS, José Luis Bolzan de. **Ciência Política & Teoria do Estado.** 6. ed. Porto Alegre: Livraria do Advogado, 2008. 211 p.

VARGENS, Renato. **Reforma agora:** o antídoto para a confusão evangélica no Brasil. São José dos Campos: Editora Fiel, 2013. 154 p.

VECCHIO, Giorgio del. **Lições de filosofia do Direito.** 5. ed. Coimbra: Arménio Amado, 1979. 643 p.

WEBER, Max. **A ética protestante e o espírito do capitalismo.** São Paulo: Martin Claret, 2013. 301 p.

______, Max. **Ciência e política:** Duas vocações. 16. ed. São Paulo: Cultrix, 2006. 124 p.